안드로메다에서 찾아온 1

사회 개념

사회 개념

초판 1쇄 발행 2013년 5월 1일
초판 2쇄 발행 2013년 7월 20일

글쓴이	김진욱
그린이	조국희
펴낸이	김두희

총괄이사	허두영
기획·편집	변유경 진숙현 송지혜
디자인	최은영
마케팅본부장	이경민
출판마케팅팀장	김재필
출판마케팅팀	이상민 이정희 이성우 김지원
제작	박주현
인쇄·제본	삼조인쇄
용지	에코페이퍼

펴낸곳	(주)동아사이언스
등록일	2001년 3월 15일(제312-2001-000112호)
주소	(120-715) 서울시 서대문구 충정로 29 동아일보사옥 16층
전화	(편집) 02-3148-0833 (마케팅) 02-3148-0773
팩스	02-3148-0809
이메일	books@dongaScience.com
홈페이지	www.dongaScience.com

© 김진욱, 조국희 2013

ISBN 978-89-6286-128-0 (64300)

과학동아북스는 과학문화창조기업 (주)동아사이언스의 출판 브랜드입니다.
다양한 콘텐츠를 바탕으로 유익한 과학책을 만들고자 노력하고 있습니다.

안드로메다에서 찾아온 ① 사회 개념

배달 개념 **촌락 · 중심지 · 교류**

글쓴이 **김진욱** 그린이 **조국희**

과학동아북스

인문환경이 도대체 뭐야? 자연환경은? 논밭은 자연환경일까, 아니면 인문환경일까? 산촌? 산지촌? 어느 것이 맞는 거지? 핵가족, 확대 가족은 또 뭘까? 가족이면 가족이지 무슨 무슨 가족은 왜 이렇게 많은 거야?

사회를 공부하다 보면 누구나 한 번쯤은 위와 같은 궁금증을 가져 봤을 거예요. 더구나 '사회'라는 교과서를 만난 학생들이라면 말이죠. 교과서나 참고서에 나온 용어 해설을 보면서 궁금증을 속 시원히 해결할 수 있다면 좋겠지만 그렇지 않은 경우도 많아요.

그렇다면, 논밭은 자연환경일까요, 인문환경일까요? 3학년 사회 교과서에는 이렇게 나와 있습니다.

> 우리 고장에는 산, 들, 하천, 바다, 기후와 같은 자연환경이 있습니다. 그리고 사람들이 만든 집, 학교, 도로, 논밭, 공장 등의 인문환경이 있습니다.

교과서를 살펴보면 논밭은 인문환경이군요. 논밭에는 벼나 콩, 채소 등의 식물들이 자라고 있는데 왜 자연환경이 아닌 인문환경일까요?

사회과는 우리가 생활을 살아가는 데 필요한 기본 지식과 능력을 습득하고 창의적인 자세로 일상생활을 할 수 있도록 도와주는 교과이기는 하지만, 어린이들이 이

해하기에 어렵고 골치 아픈 개념들이 많이 나와서 곧바로 해결되지 않고 쌓여서 곤란을 겪는 교과 중의 하나입니다.

『안드로메다에서 찾아온 사회 개념』은 어렵고 골치 아픈 사회 교과의 개념을 저 멀리 우주에 있는 안드로메다로 날려 보낸 지구 어린이들의 이야기로 시작됩니다. 바로 나의 이야기이면서 내 친구의 이야기이기도 하지요. '촌락'의 개념을 안드로메다로 날려 보낸 어린이는 촌락에 관해 더는 공부할 것이 없으니 신 나게 놀 일만 남아 있습니다. 하지만 촌락이 없다면 어떤 일이 벌어질까요?

이 책에는 안드로메다로 날려 보낸 개념을 다시 지구 어린이에게 돌려주기 위한 아작과 메타 요원 그리고 지구 아이들이 보낸 개념을 빼앗아 우주를 정복하려는 우주 악당 원팍과 투팍 형제가 펼치는 좌충우돌 무용담(?)이 담겨 있습니다. 어린이들은 이 책을 읽으면서 골치 아픈 개념을 날려 보낸 어린이도 되고, 안드로메다의 아작과 메타 요원도 되고, 때로는 우주 악당도 되어서 사회과 개념 큐브를 함께 찾아가는 동안 깔깔깔 웃으며 신 나고 재미있게 사회과의 중요한 개념들을 익히게 될 거예요.

아무쪼록 이 책은 어린이들이 스스로 탐구하며 배워 가는 학습력을 마련해 주고, 학부모에게도 자녀의 사회 공부에 도움을 주는 지침서가 될 것으로 기대합니다.

기획 위원 이희란, 노영란

왜 사람들은 개념을 안드로메다로 보낸다고 표현할까요?

가까운 산이나, 바다도 아니고 무려 230만 광년이나 떨어진 안드로메다 은하로 말이죠. 글을 쓰기 전, 먼저 이 질문에 대해 한참을 고민했습니다. 개념은 일반적으로 어떤 사물에 대한 뜻이나 내용을 가리켜요. 이렇듯 기본적으로 알고 있어야 할 사항인데, 그 개념을 도저히 되찾아 올 수도 없는 멀고 먼 곳으로 보내버렸다는 의미겠지요.

이 책에 등장하는 아이들은 어느 날 안드로메다에서 왔다는 외계인의 방문을 받습니다. 이 외계인, 아니, 안드로메다 특수 요원들은 택배 상자를 들고 지구의 어린이 앞에 나타나지요. 그 안에는 아이들이 안드로메다로 보내 버린 개념을 담은 큐브가 들어 있습니다. 하지만 그 개념 큐브를 노리는 우주 악당이 있습니다. 악당은 개념 큐브를 이용한 바이러스로 지구를 혼란 속에 빠뜨립니다.

그런 우주 악당으로부터 지구를 구하는 길은 바로 개념을 보냈던 지구 아이들의 활약에 달려 있습니다. 아이들은 개념을 찾는 일에 시큰둥하다가 우주 악당과 대결하면서 자신 앞에 놓였던 고민들까지 해결되는 기쁨과 감동을 맛보지요.

학습 개념을 설명하는 건 어렵지 않습니다. 하지만 그 개념을 제대로 이해하는 것은 어렵습니다. 이 책에선 억지로 개념을 외우게 하지도, 설명식으로 풀어 놓지도 않았

습니다. 대신 관련 개념으로 펼쳐진 상황 속으로 들어가 그 안에서 신 나는 모험을 즐길 수 있도록 했습니다. 개념과 놀며 자연스레 이해하는 것에 중점을 둔 것입니다.

밤하늘의 별들을 가만히 보세요. 그중에 안드로메다 은하에서 유난히 반짝거리는 별이 있을 겁니다. 그리고 그 별엔 지구인들이 보낸 수많은 개념을 쌓아 두고 끙끙거리며 고민하는 외계인이 있겠지요. 미래의 어느 날, 그 외계인들이 바로 그 개념들을 잔뜩 싣고 여러분을 찾아올지 모르는 일입니다. 그럴 때면 넙죽 받지 마시고 책 속의 아이들처럼 한 번쯤 튕겨 보세요. 그리고 함께 신 나는 모험을 해 보세요. 상상만으로도 즐겁지 않나요?

글을 쓰는 동안 내 발은 지구의 땅에 붙어 있었지만, 내 머리는 안드로메다에 가 있었습니다. 어쩌면 외계인이 한 명씩 방문해서 돌려주기 귀찮으니 나에게 찾아왔을지도 모르는 일이지요. 더 많은 친구들이 책으로 재미있게 개념 공부를 할 수 있다면, 언제든지 안드로메다 인에게 내 머리를 빌려 줄 거예요.

좋은 책이 나올 수 있도록 힘껏 도와주신 초등학교, 중학교 선생님들께 감사드립니다.

김진욱

옛날 옛적 화성은 문명의 전성기를 누리고 있었다.

하지만 문명이 발달하고 알아야 할 개념이 점점 늘어나자 배움에 지친 화성의 아이들은 개념을 하나둘씩 안드로메다로 보내기 시작했다.

시간이 흐를수록 화성엔 무개념 화성인들로 가득 찼고 이 기회를 틈타 다른 행성에서 우주 악당들이 침입했다.

그들은 개념을 바이러스로 만드는 블랙 큐브를 이용해 화성을 무개념 행성으로 만들었다. 혼란에 빠진 화성은 무질서와 이기주의만 가득한 채 쇠퇴

의 길을 걸었다.

그리고 오랜 시간이 흐른 지금에는 화성인들이 살았던 흔적조차 찾을 수 없게 되었다. 모든 불행은 화성의 아이들이 개념을 안드로메다로 보내 버리면서 시작되었다.

그리고 역사는 되풀이되고 있었다……. 바로 지구에서!

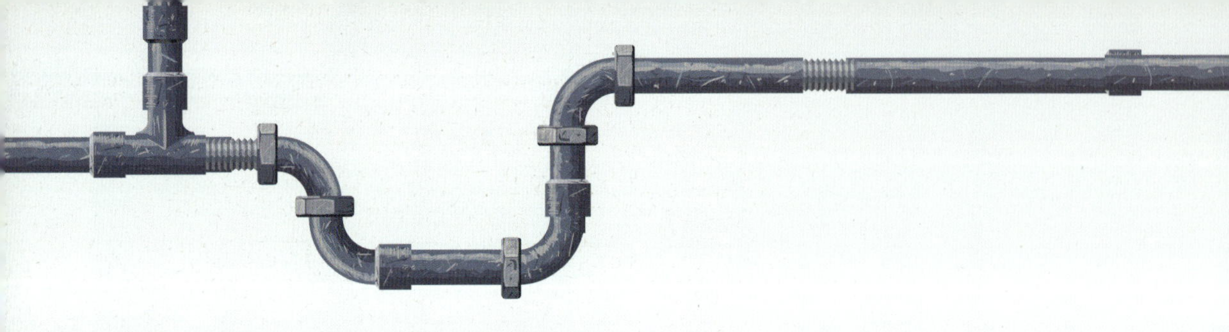

윙윙윙!

공중에 연결된 수많은 라인 가운데 문 하나가 양쪽으로 열리기 시작했다.

"5251번 라인! 5251번 라인에 우편물이 들어옵니다."

안드로메다의 우주 우편 집중국의 국장은 사무실 안에서 코코아 한 잔을 마시며 느긋하게 5251번 라인의 문이 열리는 것을 지켜보고 있었다.

사실 안드로메다는 전 우주의 행성 간 우편물을 책임지는 곳이다. 달에 사는 옥토끼가 어린 왕자에게 찹쌀떡을 보내는 것과 케로로가 지구로부터 구매한 건담 프라모델을 전달하는 것도 전부 안드로메다의 우주 우편 집중국에서 맡아서 하는 일!

지금 문이 열리는 5251번 라인은 지구로부터 발송된 우편물이 도착하는 직통 라인이다. 평소 지구에서 오는 우편물은 별것 없다. 지구에 몰래 잠입해서 사는 외계인이 자신의 행성에 안부를 전하는 우편물 혹은 지구에서만 생산되는 김치, 치즈, 커피와 같은 특산물을 보내는 정도였기 때문이다.

삐! 삐! 삐! 삐!

갑자기 경고 소리와 함께 5251
번 라인 문 옆쪽의 비상등에 번쩍번
쩍 붉은 등이 켜졌다. 동시에 거의 다
열렸던 라인의 문이 닫혔다가 열리더니
이를 반복하기 시작했다. 뭔가 심각한 문제가
발생한 것이다.

"비상이다! 비상!"

라인 아래서 우편물을 받으려고 기다리던 우편 집중국의 직원들은 우왕
좌왕 요란스럽게 움직였다. 여닫기를 반복하던 문짝은 쾅! 요란한 굉음과
함께 떨어져 나갔다. 그러고는 동시에 택배 상자가 마구 쏟아졌다.

"도대체 안에 뭐가 들어 있는 거야?"

활주로에서 대기 중이던 직원들이 상자를 받아 내용물을 확인했다.

투명한 상자 안에는 무지갯빛으로 빛나는 물체가 들어 있었다. 직원 한
명이 뚜껑을 열자마자 그것은 쌩하고 하늘로 튀어 올랐다. 물컹물컹 고무공
처럼 생긴 원구였다.

"으악! 개념 원구다!"

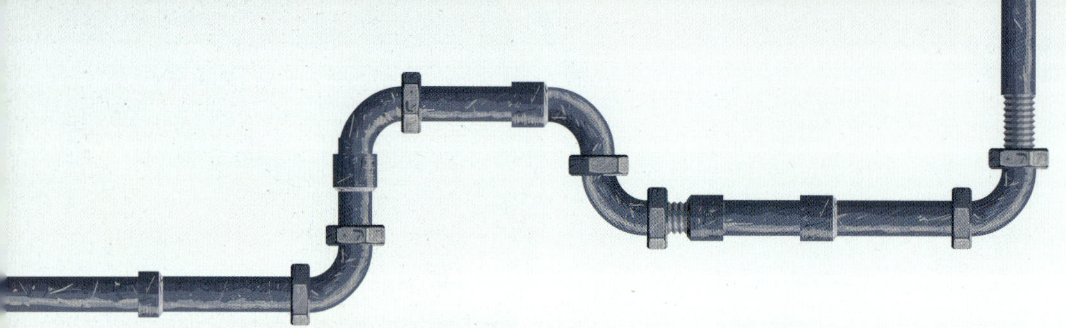

택배 상자를 연 직원이 큰 소리로 외쳤다. 외침과 함께 바닥에 잔뜩 쌓인 택배 상자가 마치 팝콘 터지듯 타닥타닥! 퐁퐁퐁! 소리 내며 열리기 시작했다. 하나씩 열릴 때마다 안에 들어 있던 개념 원구들도 하늘로 튀어 올랐다. 안드로메다의 하늘은 금세 형형색색 무지갯빛으로 물들었다.

쨍그랑!

뜻밖의 광경에 우편국장은 코코아를 마시던 컵을 놓치고 말았다. 우편국장은 허둥지둥하며 안드로메다 국왕에게 연락했다.

"개념 원구가 나타났어요!"

"뭐, 뭐야?"

화장실에서 명상을 즐기던 국왕은 깜짝 놀라 개인 우주선을 타고 순식간에 우편 집중국에 도착했다. 그러고는 하늘을 뒤덮은 원구를 두 눈으로 확인했다. 원구는 공중에서 빛을 발하며 춤추듯 날아다니고 있었다. 그 숫자는 점점 더 늘어나고 있었다.

"저것들을 꼼짝 못하게 담아 둘 화이트 큐브는 아직 준비가 안 된 거냐?"

"아래에서 대기 중입니다."

국왕이 아래를 보니 직원들이 하얀색의 빈 큐브를 잔뜩 쌓아둔 채 그물을 들고 원구를 잡으러 다니고 있었다. 하지만 제대로 잡히는 것은 거의 없었다.

"으이구, 저렇게 해서 잡을 수 있겠냐? 저렇게 많은 개념이 도대체 어느

라인에서 온 것이야?"

"5251번 라인입니다. 바로 지구죠!"

국왕은 두 손으로 머리를 감싸 쥐고 소리
를 질렀다.

"아니, 지구인들이 개념을 저렇게 많이 보냈다고?"

국왕이 놀라는 사이에도 택배 상자는 계속해서 쏟아졌다.

"이대로 있다가는 안드로메다 우편 집중국이 제 기능을 수행하지 못하게
되고 우주는 큰 혼란에 빠질 것입니다."

우편국장이 재촉했다. 하지만 그게 전부가 아니었다. 이런 식이라면 지
구는 무개념 행성이 될 것이고 화성과 같은 길을 걷게 될 것이 분명했다. 크
기에 비해 인구 밀도가 높은 지구가 개념 상실로 무너진다면, 우주의 평화를
장담할 수 없었다.

개념 원구를 악용하는 우주 악당들도 문제였다. 그들은 개념 원구를 자
신들의 블랙 큐브로 옮겨 바이러스를 만들 수 있었다. 큐브가 품고 있는 원
구가 무슨 개념이냐에 따라 바이러스는 가상 세계를 만들거나 시공간을 넘
나드는 등 여러 가지 일들을 가능케 했다. 심지어 행성에서 개념을 완전히
없애 버릴 수도 있었다.

"대체 어떤 지구인들이 우리에게 개념을 보낸 거야?"

국왕의 말에 우편국장은 빈 택배 상자를 수거하고 있는 직원에게 연락해

발신자를 물었다.

"지구의 초등학생들이라고 합니다!"

"아이들이 개념을 보내 버렸다는 것은 그 행성의 미래가 어둡다는 거야. 이건 심각한 일이라고."

잠시 골똘히 고민하던 국왕은 고개를 번쩍 들었다.

"그렇다면 「그들」을 출동 시켜라!"

"「그들」이라면?"

우편국장이 조심스레 다시 물었다. 국왕은 비장한 얼굴로 고개를 끄덕였다.

"지난번에 우주선 몇 대를 못 쓰게 한 것 때문에 아직 근신 중일 텐데요?"

"근신을 풀어 줘! 일단 저기 있는 개념 원구들부터 처리해야 하지 않겠느냐?"

  우편국장은 개념 원구를 화이트 큐브에 잡아넣으려고 펄쩍펄쩍 뛰고 있는 직원들을 보았다. 정말 '그들'이 출동해야 할 때였다! 우편국장은 떨리는 음성으로 그들에게 메시지를 보냈다.

  잠시 후 멀리서 쉬이익 소리가 났다. 그 소리가 점점 커지더니 여기저기 다 녹슬어 가는 우주선이 나타났다.

  "으하하하, 우리가 왔다!"

  우주선 앞에는 선글라스를 낀 몸집이 큰 남자가, 그 뒤로 가려 보이지 않는 마른 남자가 타고 있었다. 마른 남자는 개념 원구를 보자마자 우주선 안에서 커다란 고무관을 꺼내 들었다.

  "쉬이이익~!"

  고무관을 하늘을 가득 메우며 빛을 발하던 개념 원구를 마치 진공청소기처럼 쏙쏙 빨아들였다.

  "푸하핫! 우리가 몽땅 흡수해 주겠어!"

  개념 원구는 잡히는 족족 빛을 잃어 갔다. 진공청소기가 꽉 찼는지 빨간 불이 들어오자 몸집 있는 남자가 이번에는 허리춤에서 올가미처럼 묶은 밧줄을 꺼냈다.

  "아싸, 다 걸려 들어라!"

  남자는 밧줄을 휘휘 돌려 개념 원구를 하나둘씩 잡아들였다. 마른 남자는 몸집 있는 남자가 개념 원구를 잡기 편하도록 놀라운 조종 솜씨로 우주선

을 움직이고 있었다.

"역시 안드로메다 최고의 요원들이군! 가끔 사고를 쳐서 문제긴 하지만, 실력만큼은 정말 최고야!"

안드로메다 국왕은 흐뭇한 얼굴로 중얼거렸다. 정말 그들이 도착한 지 얼마 되지 않아 하늘은 말끔해졌다. 숨어 있는 개념 원구가 있는지 꼼꼼히 확인한 두 사람은 국왕 앞으로 다가왔다.

"특수 요원 아작과 메타! 임무를 완수했습니다!"

"임무 완수라니! 생포한 개념 원구를 화이트 큐브에 넣어 지구로 돌려보내는 게 너희 임무야. 설마 이걸로 근신까지 풀어 줬겠어?"

국왕이 호통치듯 말했다.

"돌려 주는 건 우체국 직원이 하면 되잖아요."

"정신 차려! 우리가 돌려보내야 하는 건 개념 원구야. 자칫 우주 악당들에게 빼앗기기라도 하면 지구의 평화뿐만 아니라 우주의 평화까지 위협받는다고."

국왕은 특수 요원의 어깨에 손을 얹으며 비장하게 말을 이었다.

"지구, 아니 우주의 평화가 자네들의 손에 달렸어. 임무만 확실하게 완수하면 크게 포상하지. 기대해도 좋아!"

두 특수 요원의 눈빛도 조금은 진지해졌다. 두 사람은 곧 안드로메다 국왕에게 경례한 뒤 우주선에 올랐다.

1장
딩동!
개념 배달 왔습니다

안드로메다에서 찾아온 개념

◎◎◎ 안드로메다 은하를 떠난 우주선은 빛의 속도로 날고 있었다. 수많은 행성이 우주선 밖으로 나타났다 사라지기를 반복했다.

"지구 아이들은 왜 머나 먼 안드로메다로 개념을 보내 버린 거야?"

우주선 뒤쪽에 잔뜩 쌓인 택배 상자를 뒤적거리던 마른 체격의 요원, 메타가 중얼거렸다.

"그러게! 개념이 얼마나 중요한 것인지 모르다니! 내 이 녀석들을 만나기만 하면 우주 핵주먹 맛을 보여 줄 거야!"

몸집이 큰 아작이 험상궂은 얼굴로 주먹을 흔들어 댔다.

"흠, 그래도 그 덕분에 우리도 지구에 관해 잘 알게 되었잖아!"

메타의 말처럼 두 요원은 안드로메다를 떠난 이후 슈퍼컴으로 지구의 역사와 지식 그리고 갖가지 개념에 관한 교육을 받았다.

"넌 그게 재밌을지 몰라도 난 지겹거든!"

아작이 투덜거리는 사이에 우주선 창밖으로 푸르스름하게 빛나는 지구가 보이기 시작했다. 두 요원은 잠시 말없이 우주에 떠 있는 지구를 바라보았다. 아름다웠다. 개념을 다시 전달하려면 고생하겠지만, 한편으론 새로운 행성에서의 모험이 기대되기도 했다.

꽤 긴 시간동안 지킨 침묵을 깬 건 아작이었다.

"첫 번째 개념 택배를 받을 아이가 사는 집 주소가 뭐야?"

아직은 우주의 길찾기 서비스 기능이 탑재된 내비게이션을 작동

시키며 물었다. 그러자 메타는 들고 있던 택배 상자의 주소를 확인했다.

"이 녀석은「도시와 촌락」에 관한 개념을 우리 행성으로 보냈군!"

대기권 안에 진입한 우주선은 빠르게 목적지를 향해 날아갔다.

첫 번째로 개념을 돌려받을 아이의 집 현관 앞에 선 두 요원은 바짝 긴장했다. 안드로메다에서 온 자신들을 지구의 아이들이 어떻게 받아들일지 걱정 반, 기대 반이었다. 깊이 숨을 마신 뒤 메타가 벨을 눌렀다.

딩동!

"누구세요?"

안에서 발랄한 아이의 목소리가 들려왔다.

"개념 배달 왔어요!"

메타가 외치자 안에서 후다닥 달려오는 소리가 나더니 까불까불하게 생긴 아이가 문틈으로 머리만 쏙 내밀었다. 첫 번째 개념의 주인인 박대충이었다.

"어? 두 사람이나 택배 배달 왔네?"

대충이는 아작과 메타의 위아래를 살피더니 두 손을 척 내밀었다.

"빨리 주세요!"

"오, 우리가 뭘 가져왔는지 알고 있구나?"

의외로 일이 쉽게 풀릴지도 모른다는 생각을 하며 메타는 대충이의 손안에 택배 상자를 척 올려놓았다. 서둘러 택배를 열어 본 대충이는 흰색 큐브를 꺼내 들고 고개를 갸웃거렸다.

"이건 장수풍뎅이가 아니잖아요?"

"장수풍뎅이라니?"

뜻밖의 말에 요원들은 당황했다.

"헐, 장수풍뎅이도 몰라요? 우리 딩딩이 짝짓기 해 주려고 인터넷으로 수컷 풍뎅이를 주문했단 말이에요!"

대충이는 큐브를 박스에 던져 넣더니 메타에게 다시 건넸다. 아작은 그런 대충이를 보며 눈을 부라렸다.

"이것 봐! 이건 네가 안드로메다로 보낸 개념 택배라고. 우린 반송하러 온 거고."

아작의 말에 대충이는 어이없다는 표정으로 콧방귀를 뀌었다.

"흥, 이제 보니 잡상인이군요? 안 사요!"

“뭐? 잡상인? 아휴, 이걸 그냥 콱!”

지구까지 와서 잡상인 취급이나 받다니……. 안드로메다 특수 요원의 수치였다.

“어? 아저씨 얼굴이 신호등 같아요. 엄청 빨개요.”

대충이가 손가락으로 아작의 얼굴을 가리키며 킥킥거렸다. 흥분한 아작의 얼굴이 붉게 달아오르고 있었던 것이다. 보다 못한 메타가 앞으로 나섰다.

“흠, 이럴 때일수록 사용 설명서대로 처리해야 해! 우리에겐 「우주 지식인」이 있잖아!”

메타가 말하며 손목에 찬 기계 장치를 작동했다. 윙윙 소리가 나더니 기계 화면에서 홀로그램이 떠올랐다. 홀로그램의 안쪽에선 형형색색의 불빛이 블랙홀 같이 빙빙 돌고 있었다. 메타는 그곳에 대고 지금의 상황을 자세

하게 설명했다. 요약하자면, 자신들을 안 믿는 아이를 어떻게 설득하면 좋겠냐는 질문이었다. 윙윙 소리가 다시 나고 홀로그램의 불빛이 이리저리 움직이더니 글자가 딱 떠올랐다.

"이게 뭐야? 당연한 말 아니냐?"

그것도 답이라고 내놓고 자랑스럽게 반짝거리는 홀로그램을 슬쩍 본 아작이 피식거렸다.

"설명서 참 도움 되네! 여하튼 「우주 지식인」에 쓸 만한 답변이 달린 걸 못 봤다니까!"

아작의 비아냥거림이 계속되자 당황한 메타는 서둘러 변명했다.

"끄응, 어쨌든 틀린 말은 아니잖아? 아이를 믿게 만들어야 하니…….."

"그래? 그럼 어디 한번 믿게 해 봐!"

아작이 팔짱 끼고 뒤로 물러섰다. 메타는 땀을 삐질 흘리며 개념 큐브를 꺼내 들었다.

"자, 이 큐브를 잘 봐! 네가 안드로메다로 보낸 개념이 이 큐브에 들어 있어!"

대충이는 고개를 갸웃거리며 물었다.

"그게 무슨 말이에요? 전 그냥 '개념은 필요 없으니 안드로메다로 가 버려!'라고 외쳤을 뿐인데요?"

"지구인들은 모르겠지만, 안드로메다 은하 안에 있는 우리 행성의 임무는 우주의 우편물을 책임지는 거야. 음, 넌 팩스로 문서를 어떻게 보내는지

알고 있니?”

“팩스요? 그 정도는 나도 알아요. 상대에게 전할 내용을 종이에 적어 팩스에 넣으면 그게 상대방 팩스에 똑같이 인쇄되어 나오는 거잖아요!”

메타는 손뼉을 치며 맞장구쳤다.

“맞아, 맞았어! 그것과 비슷하다고 생각하면 돼! 지구에서 누군가 개념을 안드로메다에 보내 버린다고 외치는 순간, 그 개념은 우주에 깔려 있는 우편 라인을 빛의 속도로 통과해 우리 행성에 도착한단다. 그리고 특수 우편 게이트를 통과하면 그 개념이 압축되어 개념 원구로 바뀐 다름 자동으로 박스에 포장된 후 우편 집중국으로 들어온단다. 마치 팩스 전송처럼 말이다.”

“우아, 멋진데요?”

대충이가 입을 벌리며 감탄했다.

‘반응 좋은데? 의외로 쉽게 설명될지도 모르겠는걸?’

메타는 속으로 생각하며 설명을 이어갔다.

“그럼 우리 행성에서는 그 개념 원구를 개념 주인이 다시 찾으려 할 때까지 화이트 큐브에 담아 보관한단다. 물론 보관료는 공짜야.”

“그럼 제 것도 그냥 보관해 주세요!”

대충이가 머리를 긁적이며 말했다.

“지구 아이들이 한꺼번에 많은 개념을 보내 와서 다시 돌려주러 온 거야.

개념을 다들 보낸다면 큰일이 벌어질 수 있거든!"

"그래요? 어쨌거나 좋은 일 하시네요."

대충이는 엄지손가락을 추켜세우며 감탄했다. 칭찬의 말에 괜히 우쭐해진 메타는 아작을 돌아보며 말했다.

"봐! 차분히 설명하니 말이 통하잖아."

그 순간 쾅 소리와 함께 현관문이 닫혔다. 갑작스레 둘만 남은 요원은 서로의 얼굴을 바라보았다. 메타의 얼굴에는 '왜?'라는 물음표가 떠올랐다.

"참 잘도 통하네."

아작이 놀리듯 실실 웃었다. 메타는 마음을 가다듬고 다시 벨을 눌렀다. 이번엔 현관문을 열지도 않고 대충이가 인터폰으로 말했다.

"한 번만 더 누르면 경찰에 신고할 거예요! 얼른 가세요!"

"아니, 너 내 말을 이해한 거 아니었어?"

"아저씨는 아저씨의 말이 이해돼요?"

메타는 보이지도 않는데 고개까지 끄덕이며 답했다.

"난 이해되는데?"

"전 이해가 안 되거든요. 얼른 정신 병원이라도 가 보세요! 아저씨들을 거기서 보관해 줄걸요! 먹여 주고 재워 주고……. 물론 보관료는 공짜로! 헤헤."

그 말에 메타 뒤에 있던 아작이 발끈했다.

"뭐? 정신 병원? 이제 보니 「도시와 촌락」 개념만 보낸 게 아니라 예의 개념도 안드로메다로 보냈구나? 이 녀석, 어서 나와 봐!"

그 말에 인터폰이 뚝 끊어졌다. 아작은 주먹을 부르르 떨며 대충이가 나오기만을 기다렸다.

잠시 후 현관문이 다시 열리더니 대충이가 고개를 쑥 내밀었다.

"내가 「도시와 촌락」 개념을 보냈다는 말은 안 한 거 같은데……. 아저씨들 정말 안드로메다에서 온 게 맞아요? 그럼 외계인?"

"그래, 그렇다니까! 일단 들어가서 이야기하자!"

아작이 문을 열고 들어가려고 하자 대충이는 두 팔을 벌리며 잽싸게 막아섰다.

"안 돼요! 낯선 사람들을 집 안에 들이면 혼난단 말이에요."

"흠, 사실은 개념을 안드로메다로 보낸 걸 엄마한테 들킬까 봐 걱정하는 거 아니야?"

메타가 슬쩍 떠봤다.

"몰라요! 촌락이니 인문환경이니 자연환경이니 그딴 용어부터 골치 아파요! 시골이라면 지긋지긋하고요. 오죽했으면 제가 다 날려 버렸겠어요?"

"그러니까 제대로 된 개념 탑재가 필요한 거라고!"

"개념은 필요 없다니까요! 그냥 장수풍뎅이나 가져오세요!"

그야말로 대충이는 강적이었다. 메타는 심호흡을 하며 말을 이었다.

"네가 원하는 장수풍뎅이도 산지촌에서 가져온 거잖아? 그것에 관해서 알고 싶지 않니?"

"무슨 말이에요? 장수풍뎅이는 인터넷으로 산 건데요?"

"헐, 인터넷으로 샀어도 장수풍뎅이를 키우는 곳이 있을 거 아니냐?"

“장수풍뎅이는 풍뎅이 엄마가 키우겠죠, 뭐.”

대충이는 퉁명스럽게 한마디 던진 뒤 문을 다시 닫으려 했다. 메타가 닫히는 문 사이로 개념 원구가 든 큐브를 던졌다. 큐브는 떼굴떼굴 굴러서 대충이의 발밑에서 멈췄다.

“네가 보낸 개념이 그 안에 있어. 다시 개념이 필요하다고 간절히 생각하면 네 몸속으로 저절로 흡수될 거야.”

메타가 당부했다.

“개념 따윈 필요 없다니까요!”

“그리고 혹시라도 개념 때문에 우리의 도움이 필요하면 하늘을 향해 외쳐. ‘안드로메다 도와줘!’라고”

“흥!”

대충이는 입술을 삐죽 내밀고 대답도 없이 문을 쾅 닫아 버렸다. 문 앞에 썰렁하게 남은 메타와 아작은 서로를 바라보았다. 지구 아이들은 결코 만만하지 않았다.

“우리가 지구에서 개념 배달을 잘 해낼 수 있을까?”

메타의 말에 아작이 쓴웃음을 지었다.

“임무 난이도는 최상이야! 국왕님께 보너스를 두둑이 챙겨 달라고 해야겠어!”

◎◎◎ 현관문을 닫은 대충이는 문 앞에 떨어진 화이트 큐브를 주워 주머니에 넣었다.

"아, 귀찮아. 뭐하러 이딴 걸 돌려주러 온 거야!"

투덜거리며 방문을 연 대충이는 그 자리에 우뚝 섰다. 몸에 딱 붙는 쫄쫄이에 까만 망토를 걸친 남자가 대충이 책상에 있는 장수풍뎅이 딩딩이 집을 손가락으로 툭툭 건드리고 있었던 것이다.

"도, 도둑?"

"무슨 그런 섭섭한 말씀을! 너를 도와주러 온 우주 히어로란다! 투팍이라 불러 줘! 투팍!"

대충이는 자신을 친구라 소개한 사람을 자세히 보았다. 비쩍 마른 몸에 이마에서 턱까지 끝이 어딘지 모를 정도로 얼굴이 길었다. 비호감 패션에 걸맞는 비호감 얼굴이었다.

"분위기는 악당인데요? 그것도 대장 말고 부하, 크크큭!"

"뭐, 뭐라고? 악당? 그것도 부하라고?"

투팍은 분위기와는 안 어울리게 자리에서 펄쩍펄쩍 뛰며 호들갑을 떨었다.

"내가 어딜 봐서 악당이니? 이 멋진 망토 좀 봐라. 은하계 최고의 패션 장인이 최고급 옷감으로 한 땀 한 땀 손으로 직접 만든 거야! 슈퍼맨처럼 우주에서 온 히어로는 쫄쫄이에 망토를 하고 다니지 않니?"

그러고 보니 그 말도 맞는 것 같았다. 대충이가 대충 넘어올 것 같자 투팍은 계속 말을 이어갔다.

"아까 현관 밖에서 사기꾼들과 말하는 걸 들었다."

"사기꾼이요?"

"그래. 안드로메다에서 왔다는 둥 뭐 그런 소리 하지 않았어?"

대충이는 고개를 끄덕였다.

"그 녀석들이야말로 은하계를 떠도는 악당이다. 택배 배달 왔다고 하고 집에 들어가서 이것저것 다 훔치는 도둑들이지. 지난번엔 소행성 B-612에서 어린 왕자의 팬티까지 훔쳐 도망갔다더니 이번엔 지구로 왔구나!"

"그래요? 좀 이상해 보여도 나쁜 사람들 같지는 않던데……."

"내 말 믿어! 걔네가 악당이라니까."

대충이가 여전히 고개를 갸웃거리며 안 넘어오자 투팍이 말을 슬쩍 돌렸다.

"넌 시골 같은 건 없어도 상관없다며?"

"맞아요. 시골은 너무 불편하고 재미없어요. 아빠가 이번 주말에도 할머니 집에 가자는데 가기 싫어요!"

"맞아! 나도 촌락은 정말 싫어. 역시 우리는 뭔가 통하는 게 있구나!"

투팍은 대충이의 편을 드는 것처럼 하면서 대충이를 쥐락펴락하고 있었다.

"그래서 네가 촌락에 대한 개념을 안드로메다로 보내 버린 거지?"

"뭐, 그것뿐 아니라 도시 개념까지 다 싸서 보내 버렸죠. 솔직히 사회 시험은 문제를 읽어도 그 뜻부터 이해하기 힘들어요. 선생님도 하필 그런 문제만 골라 내는지……. 후유!"

대충이는 자신이 공부하지 않은 건 생각하지 않고, 선생님을 탓하며 말을 이었다.

"아무튼 개념을 보내고 나니 속이 다 시원했는데 이걸 다시 돌려주다니……."

대충이는 주머니에서 개념 큐브를 꺼내 만지작거렸다. 큐브를 보자 투팍의 눈이 번쩍 빛났다.

"그거 나한테 주지 않겠니?"

"왜요?"

대충이는 의심스런 얼굴로 큐브를 다시 주머니에 넣었다. 어차피 버리려고 마음먹었던 거지만, 대놓고 달라고 하니 어쩐지 손해 보는 기분이 들었다. 친구에게 빵 한 조각을 얻어 먹어도 대가를 치러야 하는 법이다.

"너는 필요 없다며?"

"그래도 주고 싶지 않은데요?"

허술해 보이던 대충이가 의외로 강하게 나오자 투팍은 다른 방법을 쓰기로 했다.

"그럼 내가 제안을 하나 하마!"

"음, 일단 들어 볼게요!"

대충이는 까칠한 표정을 지으며 팔짱을 꼈다. 들어 볼 테니 말해 보라는 몸짓이었다.

"이 세상에서 촌락을 없애 줄게. 어때? 맘에 쏘옥 들지?"

"에이, 말도 안 돼요. 아저씨가 누군데 그런 일을 할 수 있어요?"

"아직도 모르겠니? 난 우주 히어로 투팍이라니까! 팍팍!"

대충이는 눈을 거슴츠레 뜨고 투팍을 바라보았다. 무릎팍 도사도 아니고 연신 팍팍을 외쳐 대는 투팍을 믿어도 되나 의심스러웠다. 대충이의 그런 시선을 느꼈는지 투팍이 말을 이었다.

"네가 원하면 그렇게 해 줄 수 있어!"

"촌락이 없는 세상이요? 그런 세상이 정말 가능해요?"

"그럼. 일단 믿어 봐!"

자신만만한 투팍의 말에 대충이의 얼굴에 화색이 돌았다.

"좋아요. 그럼 재미없는 할머니 집에 안 가도 되겠죠?"

“당연하지. 그럼 우리의 거래는 이뤄진 거다. 네가 촌락에 관해 가진 무개념 그대로의 세계로 만들어 주마!”

투팍이 한 손을 내밀어 악수를 청했다.

“잠시만요. 그래도 조금만 더 생각해 볼게요.”

대충이가 투팍의 손을 잡지 않고 큐브를 주머니에서 주섬주섬 꺼냈다. 직접 보면서 고민해 볼 참이었다. 그때였다. 투팍이 큐브를 탁 낚아챘다.

“뭐예요?”

깜짝 놀란 대충이가 소리쳤다. 그러나 이미 큐브는 투팍에게 넘어간 뒤였다. 투팍은 덜덜덜 떨리는 손으로 큐브를 갖고 있었다. 얼마만에 느껴보는 감촉인지 몰랐다.

“돌려줘요!”

대충이가 다시 큐브를 찾으려 달려들었다.

“아호호홍홍! 그렇게는 안 되지!”

옆으로 슬쩍 피한 투팍은 품 안에서 비어 있는 블랙 큐브를 꺼냈다. 그리고 대충이에게 빼앗은 화이트 큐브에서 개념 원구를 꺼내 옮겨 담았다.

“뭐하는 거예요?”

대충이가 물었으나 투팍은 대답 없이 개념 원구를 넣은 블랙 큐브를 쓰다듬었다. 그러자 큐브 안에서는 마치 안개 같은 바이러스가 퍼져 나왔다.

“네가 원하는 대로 해 준다는 약속은 지키마! 난 의리 있는 외계 악당이니까! 아호호홍홍!”

블랙 큐브를 손에 쥔 투팍은 안개와 괴상한 웃음소리만 남긴 채 어디론가 사라졌다.

◎◎◎ 대충이는 안개가 자욱한 방 안에 멍하니 서 있었다. 잠시 후 안개가 걷히자 주위를 살폈다. 달라진 건 아무것도 없었다. 안이 텅 비어 있는 화이트 큐브만 뒹굴고 있었다.

"뭐야? 뭐가 어떻게 된 거야? 그 이상하게 웃던 악당은 어딜 간 거지?"

대충이는 투덜거리며 방을 나갔다. 거실에선 엄마, 아빠가 TV를 보고 있었다.

"어? 언제 오셨지?"

이상한 사람들, 아니 외계인들을 연이어 만나느라 부모님이 들어오는 소리도 못 들었나 싶었다. 꼬르륵! 배 속이 텅 비었으니 뭐 좀 채워 넣으라는 신호가 울려 퍼졌다.

"엄마, 오늘 저녁 반찬은 뭐예요?"

엄마가 이상하단 눈초리로 대충이를 돌아보았다.

"반찬이 무슨 말이냐? 식탁 위에 있는 알약 중에 맘에 드는 것으로 먹어!"

주방 식탁 위를 보니 빨간색, 파란색 등 갖가지 알약이 놓여 있었다. 알약에는 참치 맛, 소고기 맛, 당근 맛 등의 글자가 적혀 있었다.

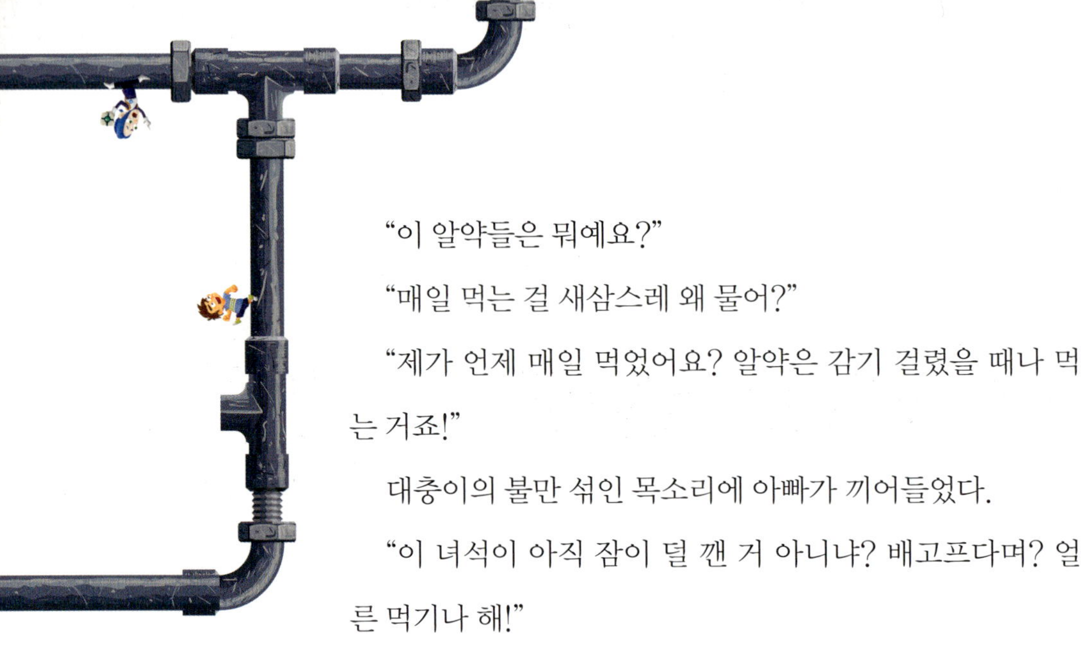

“이 알약들은 뭐예요?”

“매일 먹는 걸 새삼스레 왜 물어?”

“제가 언제 매일 먹었어요? 알약은 감기 걸렸을 때나 먹는 거죠!”

대충이의 불만 섞인 목소리에 아빠가 끼어들었다.

“이 녀석이 아직 잠이 덜 깬 거 아니냐? 배고프다며? 얼른 먹기나 해!”

아빠마저 엄마 편을 들고 나오자 대충이는 놀림을 당하는 기분이 들었다.

“에이, 장난하지 말고 빨리 밥 주세요!”

“농촌에서 벼농사 짓는 농부들이 전부 사라진 지가 언제인데 자꾸 밥 타령이야?”

“농부들이 다 사라지다니요?”

“논들도 다 없어졌잖아! 아빠가 태어나기 훨씬 전의 일이었는데?”

아빠는 황당한 이야기를 아무렇지도 않다는 듯이 말했다.

“거짓말 마세요! 어제도 고등어 반찬에 쌀밥 먹었잖아요!”

"고등어라니?"

아빠가 의아해하며 되묻자 대충이는 답답해서 가슴을 쾅쾅 치며 말했다.

"바다에서 잡는 물고기 있잖아요. 한국인이 제일 좋아하는 생선인 고등어! 갈치는 비싸서 못 먹는다고 맨날 고등어만 먹었잖아요."

"오, 어젯밤 TV 다큐멘터리에서 본 고등어? 고등어 맛 알약도 예전에 나온 적 있었지. 비린내 난다고 바로 퇴출됐지만 말이다. 근데 물고기 잡는 어부들이 없는데 우리가 언제 고등어를 먹었다는 거냐? 아무래도 이 녀석 잠이 덜 깬 모양이구나."

물고기 잡는 사람이 없다니……. 이건 또 무슨 고등어 통조림 뚜껑 터지는 소리인가?

"말도 안 돼요! 농부도 없고, 어부도 없다니? 그럼 시골 사람들은 뭐하고 살아요?"

"시골은 또 어디 있냐? 너 혹시 농촌, 어촌, 산지촌 같이 동화 속에나 나오는 촌락들 말하는 거야?"

"뭐, 대충 그런 곳일걸요!"

대충이가 고개를 끄덕이자 아빠가 어이없다는 듯 말했다.

“벌써 오래전에 폐허가 되거나 도시로 바뀌었잖아.”

“예?”

대충이가 깜짝 놀라자 오히려 옆에 있던 엄마가 이상한 눈으로 바라봤다.

“뭘 새삼스럽게 놀라니? 가만 보자. 너 지금 알약 투정하는 거야? 네가 좋아하는 맛은 식탁에 다 있잖아? 혹시 돈가스 맛으로 먹고 싶어서 그래? 일단 오늘은 그냥 먹어. 내일 엄마가 사 올게.”

“아휴, 그게 아니라고요.”

안드로메다 요원들 앞에선 잘도 뺀질거리던 대충이의 얼굴이 울상이 되었다.

“너 그렇게 알약 투정 계속하면 알약 대신 한 달 동안 영양 주사를 콱 놔버릴 거야. 청양고추만큼 위력이 강한 녀석으로 말이지.”

엄마가 허리춤에 손을 올리고 단호한 표정으로 말했다.

“갑자기 왜 주사예요? 난 그냥 제대로 된 밥을 먹고 싶을 뿐이라고요!”

“글쎄, 농사 짓는 사람도 없는데 왜 계속 밥 타령이냐고? 쌀이 있어야 밥을 하지! 알약이 있으니 굶어 죽을 일은 없어서 다행이잖아.”

엄마의 말을 듣자니 갈수록 태산이었다.

“아참, 내 딩딩이는?”

방으로 달려간 대충이는 장수풍뎅이가 있던 책상 위를 이리저리 살폈다. 아무것도 보이지 않았다.

“으앙! 이게 어떻게 된 거야?”

그때 대충이의 머릿속으로 쫄쫄이 망토 패션을 한 투팍이 떠올랐다.

"설마, 내가 시골을 없애 달라고 해서?"

대충이는 심각한 표정으로 중얼거렸다. 장난으로 말한 것인데 정말 세상을 바꿔 버린 것이다. 밥도, 반찬도 없이 알약으로만 배를 채우는 세상이라니. 정말 끔찍했다.

분위기 파악도 못하고 배에서는 연신 꼬르륵 소리가 났다.

"정말 배고픈데……. 빨리 제자리로 돌려놔야 해!"

대충이는 머릿속으로 개념 큐브를 주고 간 안드로메다 요원들을 떠올렸다.

현관문이 닫히기 전에 했던 말을 기억해 낸 대충이는 재빨리 베란다로 나갔다. 창문을 열고 소리치려니 좀 이상한 것 같았지만 지금 이것저것 따질 겨를이 없었다.

"안드로메다, 도와줘!"

"안드로메다, 도와줘!"

◎◎◎ "웅웅웅~!"

대충이의 외침이 끝나자마자 아파트가 심하게 흔들리더니 대충이가 서 있던 15층 베란다 앞으로 우주선 한 대가 나타났다. 초특급 합금으로 만들어져 반짝반짝 빛나는 우주선이 아니라 녹이 군데군데 슬어 있는 아주 낡은 우주선이었다. 비라도 맞으면 녹물이 지저분하게 흘러내릴 것 같았다.

우주선의 조종석 쪽 유리가 스르륵 열리기 시작…… 하려다가 뭐에 걸렸는지 중간에 멈췄다.

탕! 탕!

우주선 안에서 아작이 주먹으로 방탄유리를 사정없이 때렸다. 그렇게 몇 대를 더 때린 후에야 창문이 활짝 열렸다. 은하계를 가로질러 지구의 대기권까지 통과한 우주선답지 않은 몰골이었다.

"무슨 일이야?"

아직도 마음이 안 풀렸는지 아작이 퉁명스럽게 물었다. 대충이는 베란다에 얼굴을 바짝 대고 방금 벌어진 일들을 설명했다. 비어 있는 화이트 큐브를 보여 주며 투팍을 만난 것부터 알약 이야기까지 모두 설명했다. 아작과 메타는 심각한 표정으로 서로 마주 보았다.

"일단 여기로 옮겨 타라!"

메타가 우주선에 타라고 손짓했다. 대충이는 베란다 창문을 넘어 우주선으로 뛰어 올라탔다. 신기한 듯 우주선 내부를 두리번거리는 대충이에게 메타가 한마디 던졌다.

"지금 우주선이나 감상할 때가 아니야!"

대충이는 머쓱해하며 두 요원을 바라보았다.

"네가 만난 투팍은 우주의 개념 큐브 털이범이야. 유명한 몇몇 악당이 있는데 그중에 한 명이지!"

"은행 털이가 아니라 개념 큐브 털이요? 근데 악당이 아니라 슈퍼맨 같은 우주 히어로라고 하던데요?"

"흥! 어딜 봐서 그게 히어로야? 얼굴이 멋지냐? 패션 감각이 뛰어나냐?"

아작이 따지듯 말했다.

"몇 년 전 안드로메다로 형과 함께 큐브를 훔치러 왔다가 우리한테 잡혀서 감옥에 갇혔지. 아니, 내가 잡았지! 바로 이 올가미로!"

아작이 허리춤에 찬 밧줄을 자랑하듯 탁탁 쳤다.

"흠, 국왕님 말대로 정말 지구로 잠입했군. 역시 이놈도 지구 아이들이 개념을 엄청나게 많이 보낸다는 정보를 입수한 거야. 어째 우리 배달 일이 꼬일 것 같은데?"

메타가 아작을 보며 걱정스럽게 말했다. 대충이는 두 요원이 말하는 것을 가만히 들으며 속으로 생각했다.

'역시 악당이었어! 그럼 어린 왕자의 팬티를 훔친 것도 자기 이야기였나!'

대충이는 두 요원을 보며 궁금한 것을 쏟아 냈다.

"그런데 알약이며 부모님이며 제 주변이 좀 이상해진 건 왜 그래요?"

"후유, 투팍이 뿌린 개념 바이러스 때문이야!"

메타가 한숨을 내쉬며 답했다.

"개념 바이러스요? 그게 뭐예요?"

"개념 원구가 블랙 큐브 안에 들어가면 바이러스를 만들 수 있어! 개념 바이러스를 이용하면 그 개념과 관련된 여러 가지 일을 원하는 대로 할 수 있지. 투팍 같은 우주 악당들은 그걸 이용해서 그 개념이 완전히 사라져 버린 가상 세상을 만들기도 해."

그때 아작이 끼어들었다.

"개념을 찾지 못할수록 블랙 큐브에서 나오는 바이러스는 점점 강해지고 가상 세계도 점차 커져서 결국 그 안에서 빠져나오지 못하게 돼!"

"네? 그럼 알약을 먹어야 하는 세상에서 계속 살아야 한다고요?"

그 끔찍한 세상에서 계속해서 살아야 한다는 생각에 대충이는 한숨이 절로 나왔다. 아작이 말을 이었다.

"그렇지. 하지만 아직 바이러스가 약하기 때문에 희망이 있어. 투팍이 가져간 네 개념 원구와 마음이 통하면 돼!"

"마음이 통하다니요?"

대충이가 고개를 갸우뚱했다.

"네가 개념이 꼭 필요하다고 생각하고 개념을 하나둘씩 떠올릴 때마다 너와 마음이 이어진 개념 원구에 조금씩 빛이 돌아올 거야! 화이트 큐브나 블랙 큐브 둘 중 어디에 담겨 있든 상관없어. 그 과정을 여러 번 거쳐 네가 주인인 것을 확인한 개념 원구는 무지개 색으로 빛나게 돼! 그럼 큐브의 바깥까지 빛이 나오게 되지. 그때 비로소 큐브 안의 개념 원구는 네 안으로 다시 흡수될 수 있어!"

"흠흠, 그럼 우리 배달 임무도 완수되는 거지!"라고 메타가 덧붙였다.

"아무튼 빨리 네 개념 큐브를 찾아야 해. 주인에게 전달한 후 일주일이 지나도 주인이 개념을 찾지 못하면 그 안의 개념 원구는 본래 주인인 너를 잊고 말아!"

아작이 심각한 표정으로 경고했다.

"일주일이요?"

"그래. 그 후에는 그걸 갖고 있는 사람이 새로운 주인이 되는 거지. 게다가 더 무서운 것은 빨리 찾지 않으면 투팍이 그걸 이용해 개념 원구가 있는 블랙 큐브를 더 많이 모으려고 음모를 꾸밀 거라는 사실이야!"

"더 모아서 뭐하려고요?"

"너처럼 무개념 아이들이 많아지면 그 행성은 멸망의 길을 걷게 돼. 아이들에게 있어야 할 개념을 투팍이 다 모아 버리면 무개념들만 남는 거지! 그럼 언젠가는 지구의 사람들과 문명이 모두 사라지고 말 거야! 화성처럼 말이지."

“흠…….”

대충이가 심드렁한 반응을 보이자 아작이 눈을 크게 뜨며 말했다.

“어이쿠, 이 녀석아! 지구 아이들이 안드로메다로 개념을 보내는 게 얼마나 위험한 일인지 아직도 모르겠어?”

“아, 너무 복잡해. 그냥 빨리 원래 세계로 돌려줘요. 배고프단 말이에요!”

“아직도 정신을 못 차렸네! 이 녀석아, 지구의 운명이 네 어깨에 달려 있다고!”

아작이 대충이의 어깨를 붙잡고 마구 흔들어댔다. 잔뜩 흥분해서인지 말할 때마다 침이 팍팍 튀고 있었다.

“지구가 망하기 전에 내가 먼저 굶어 죽겠다니까요. 빨리 뭐라도 좀 먹을 수 있게 해 줘요!”

아작은 투덜거리는 대충이를 황당한 표정으로 바라봤다.

“혹시 너 지금 우리를 부른 게 고작 먹을거리 때문이냐? 상황이 이상하게 바뀐 것 때문이 아니라?”

“당연하죠. 시골이 없어지든 말든 개념 원구가 바이러스가 되든 솔직히 나랑 무슨 상관이에요?”

“상관이 없다니? 방금도 알약밖에 먹을 것이 없다고 징징거렸잖아?”

아작이 어이없다는 듯 말했다.

“후유, 이 녀석을 보니 개념을 찾는 데 시간 좀 걸리겠는걸!”

“일단 떠나자! 투팍이 너희 집에만 바이러스를 뿌려 놓은 것 같으니 여기

만 나가면 현실 세계야. 먹을 것을
구하긴 어렵지 않을테니 걱정 마!"

　메타가 대충이에게 말하며 손목의 기
계를 다시 조작했다. 홀로그램이 다시 올라왔다. 검은 점 하나가 홀로그램
안에서 바쁘게 움직이고 있었다.

　"우아, 아까도 봤는데 손목의 그건 도대체 뭐예요?"

　"슈퍼컴이야! 아주 다양한 기능이 있지."

　메타가 뻐기듯 대답했다.

　"슈퍼컴이란 이름만 들어도 대단한 기계 같은데요?"

　대충이가 신기하게 바라보았다. 그러자 아작이 피식 웃으며 말했다.

"안드로메다의 슈퍼마켓에서 쉽게 살 수 있어서 슈퍼컴인데?"

그 말에 메타가 당황하며 기능 설명을 계속했다.

"흠흠, 지금 컨 기능은 큐브를 배달하다가 잃어버렸을 때를 대비한 큐브 추적 기능이야! 예상대로 투팍이 여기저기 바쁘게 움직이고 있군!"

"큐브를 찾으면 투팍도 잡을 수 있어. 어서 앉아서 벨트 매! 바로 출발하자!"

대충이는 아작의 말에 따라 의자에 앉았다. 그 외중에도 고개를 두리번거리며 우주선 내부를 여기저기 관찰했다. 난생 처음 우주선을 타게 되어 기대에 찼던 대충이는 이내 실망하는 표정으로 바뀌었다.

"그런데 이거 너무 고물 아니에요? 퀴퀴한 냄새도 좀 나는 거 같

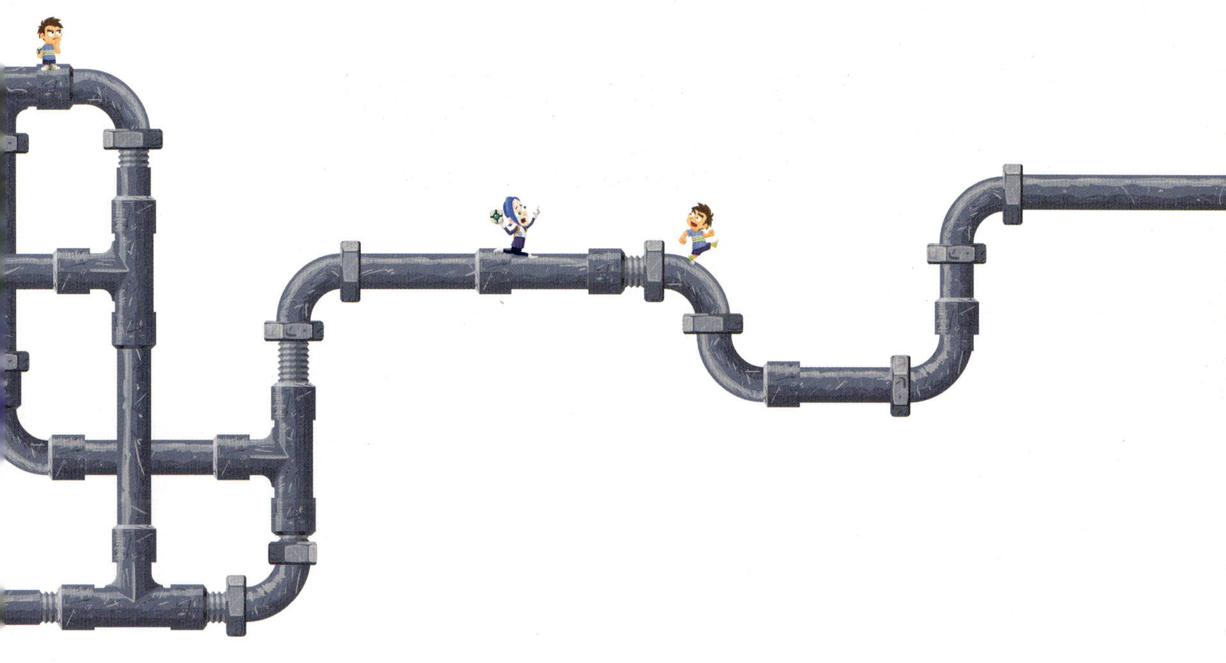

은데……."

"야, 이거 1,500년 밖에 되지 않은 나름 신형 모델이야!"

아작이 당황하며 변명했다.

"1,500년이나 됐는데 신형이라고요? 저긴 스위치가 떨어져서 청테이프로 땜질해 둔 거예요?"

"어, 그건 디자인이야! 빈티지 모르냐? 근데 너 벨트 안 매고 뭐하니?"

아작은 괜히 짜증을 내며 재촉했다.

'쩝, 투명 테이프로 붙일걸!'

아작은 안드로메다로 돌아가면 새 우주선을 500개월 할부로라도 새로 사야겠다고 결심했다.

개념 정리

고장

사람이 많이 사는 지방이나 지역을 가리킨다. 어떤 물건이 특히 많이 나거나 있는 곳을 말하기도 한다. 쉽게 말해서 내가 살고 있는 곳으로, 주소를 보면 시·군·구로 표시된다.

주소는 어떤 곳의 위치를 나타내는 것으로 우리나라에서는 '시·도 → 시·군·구 (구·읍·면) → 도로명(~~로, ~~길) → 건물 번호' 순서로 쓴다. 예를 들면, 대한민국 국회의 주소는 '서울특별시 영등포구 의사당대로 1'로 쓴다.

자연환경

사람들을 둘러싼 환경 가운데 인간이 만들지 않고 자연적인 것을 가리킨다. 구성 요소로는 지형, 기후, 식생(어떤 곳에 있는 식물 분포), 토양(흙) 등이 있으며, 산, 들, 하천, 바다, 계곡, 호수, 사막, 갯벌 등을 꼽을 수 있다. 자연환경 가운데 지형과 기후는 그곳에 사는 사람들의 생활, 활동, 산업 등에 많은 영향을 끼친다.

환경

사람들을 둘러싸고 영향을 주는 모든 것을 가리킨다. 사람이 만든 것인지 그렇지 않은지에 따라 자연환경과 인문환경으로 나눌 수 있고, 지역마다 다르게 나타난다.

인문환경

사람들을 둘러싼 환경 가운데 인간이 만든 것을 말한다. 예를 들면, 논과 밭, 과수원, 도로, 학교, 백화점, 상가, 병원, 시청, 우체국, 공원 등이 있다. 구성 요소로는 인구, 산업, 교통, 문화, 언어, 종교 등을 들 수 있는데 매우 다양하다.

안드로메다 요원들은 어떻게 우리나라로 찾아왔을까?

지구본은 지구의 모습을 있는 그대로 작게 나타낸 모형이다. 손으로 돌려 봐야 하기 때문에 한눈에 모두 살펴볼 수는 없다. 반면, 세계 지도는 한눈에 볼 수 있도록 전 세계를 종이에 그린 것이다. 하지만 둥근 지구를 평평한 종이로 표현하였기 때문에 실제 모습과는 다르게 나타난다. 우리나라는 지구본 가운데에서 북극 쪽(위도 30~40°)으로 조금 떨어진 곳에 있으며, '아시아'라고 쓰여진 대륙의 동쪽 끝에 있다.

2장
촌락을 구하라!

◎◎◎ 우주선은 큐브 추적기가 가리키는 위치를 찾아 어딘가에 도착했다. 슈퍼컴의 홀로그램은 근처에 큐브가 있다는 신호를 보여 주었다. 그곳엔 사람들이 잔뜩 모여 있었다.

"여기가 어디예요?"

대충이가 두리번거리며 물었다.

"촌락이잖아!"

아작이 말했다.

"뭐라고요? 촌락은 없어진 게 아니에요?"

"이 녀석이 아직도 정신을 못 차렸네. 아까 말했잖아. 그건 투팍이 너희

집에서만 작용하는 바이러스를 뿌린 거라고! 넌 잠시 가상 세계에 머물렀던 거야!"

아작이 머리를 살짝 쥐어박는 시늉으로 핀잔을 줬다.

"하지만 빠른 시간 안에 큐브를 찾지 못하면 투팍이 점점 더 넓은 지역을 가상 세계로 바꿔 버릴 수가 있어. 이곳에 투팍이 왔다는 점도 수상쩍어!"

메타가 심각한 표정으로 말했다.

"근데 농촌에 왜 이리 사람들이 많아요? 우리 할머니가 사는 시골은 지나가는 사람 하나 구경하기도 어려운데요."

요원들의 말은 듣는 둥 마는 둥 대충이는 또다시 말을 꺼냈다.

"저기 「곤충바이오엑스포」라는 현수막 안 보이냐? 요즘은 시골에서도 특산물이나 지역의 문화를 알리는 축제가 얼마나 많이 열리는데!"

"흥, 시골에서 그런 거 하면 누가 알아줘요? 적어도 강남에서는 해야지!"

"촌락에서 열리는 지역 축제는 지역 특산품을 중심으로 하기 때문에 다른 지역에서 하면 의미가 없어. 인삼이 많이 나는 충북 금산에서는 인삼 축

제를 하고, 고로쇠로 유명한 강원도 인제에서는 방태산 고로쇠 축제를 해야 제격이지!"

대충이는 메타의 말을 흘려 듣고서는 곤충 엑스포 행사장 안으로 들어갔다. 행사장 안의 무대에서는 노래와 춤이 한창이었다. 다른 전시장 안에는 딱정벌레와 나비 같은 다양한 곤충이 있었다.

"야아, 멋지다!"

장래 곤충학자가 꿈인 대충이도 만날 인터넷으로만 곤충을 샀을 뿐 직접 키우고 직접 파는 곳은 처음이었다. 대충이는 축제장 안의 전시관 여기저기를 돌아다니며 곤충을 구경했다.

"이야, 신기한 녀석들이 많네요. 농촌도 생각보단 재미있는 곳이네요."

"농촌, 산지촌, 어촌과 같은 촌락이 네가 생각하는 것만큼 낙후된 곳이 아니야. 특용 작물을 개발해서 돈을 버는 부자도 많아. 치즈 만들기나 버섯 따기 또는 한옥 체험 등과 같은 다양한 체험 프로그램도 많이 열리지. 그래서 귀촌하는 사람들도 점차 많아지고 있어!"

"아하!"

메타의 말에 대충이가 뭔가 알겠다는 듯 고개를 끄덕였다.

"알았어요. 근데 이제 뭐라도 먹으러 가요. 축제니까 먹거리도 많을 것 같은데요?"

대충이가 꼬르륵거리는 배를 만지며 두 사람을 재촉했다. 간식거리 파는 곳에 도착한 대충이는 급한 대로 수수부꾸미를 집어 들었다.

"맛있겠다! 헤헤."

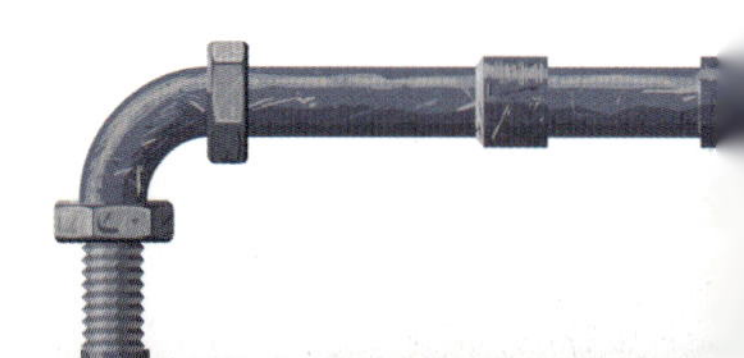

그러나 한 입 베어 물기도 전에 메타 손목의 슈퍼컴이 요란스레 삐삐거리기 시작했다.

"대충이가 촌락의 산업에 관해 이해하니까 개념 큐브가 반응하고 있어! 가까운 곳에 투팍 녀석이 있나 봐!"

메타가 다급하게 말했다. 메타는 대충이의 개념 지수를 더 올리기 위해 소리쳤다.

"대충아, 사람들이 귀촌하는 이유를 몇 가지 더 말해 봐!"

"에이, 그걸 내가 어떻게 알아요?"

"생각해 봐! 얼른!"

메타가 재촉하자 대충이는 하는 수 없이 골똘히 생각에 빠졌다. 책에서 본 적이 있었던 것 같은데……. 이상하게 하나도 떠오르지 않았다. 개념을 안드로메다로 보내 버렸으니 당연한 결과였다. 수수부꾸미도 먹어야 하는데 괜히 마음만 급해졌다.

"빨리 말하라니까!"

아작이 참다못해 버럭 소리를 질렀다.

"자꾸 재촉하지 말아요. 긴장하니까 똥 마렵잖아요!"

"어린 녀석이 장은 또 왜 그리 예민해? 먹은 것도 없다며?"

장 이야기를 하니 대충이의 머릿속에 스치는 기억이 있었다. 아빠가 스트레스 때문에 장이 꼬여 병원에 입원했을 때 수

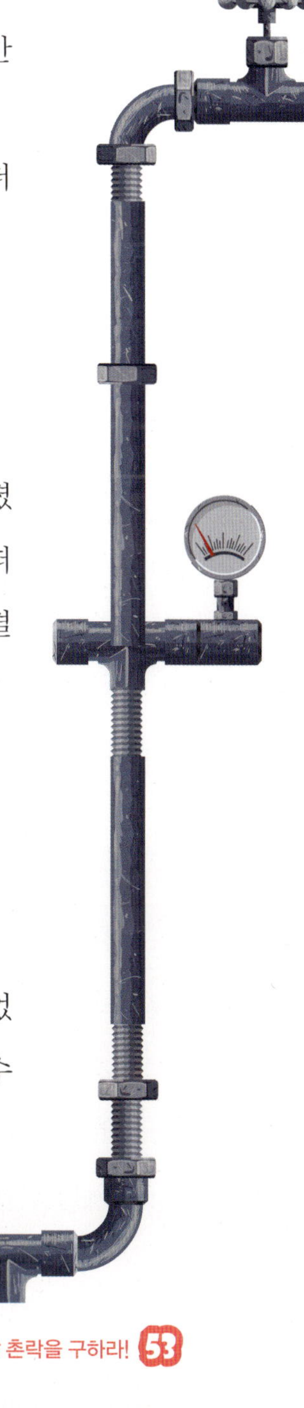

시로 했던 이야기였다.

"그때 아빠가 다 때려 치고 귀농하고 싶다고 이야기한 적이 있었는데……. 음, 도시는 답답해서 싫고, 농촌이 공기도 맑은데다가 돈벌기도 좋아졌……. 먹거리도 많고……. 그러다가 쓸데없는 생각이라고 엄마한테 베개로 무지 맞았는데……."

대충이가 몇 가지 기억을 더듬거리며 떠올리자 슈퍼컴이 더 크게 삐삐거리기 시작했다. 메타는 주위를 잽싸게 살폈다.

"큐브가 가까이에 있어! 어디야? 얼굴이 끝없이 긴 녀석만 찾으면 돼!"

"얼굴 긴 사람은 안 보이는데? 이 녀석이 다른 모습으로 변신해 있나 보군! 주변 사람들을 잘 살펴봐!"

아작의 말에 대충이가 고개를 갸웃거렸다.

"그 사람 아니, 그 악당 외계인이 변신도 해요?"

"당연하지. 우리도 변신할 수 있는데 몰랐냐? 원래 모습은 팔이 여덟 개에 다리가 네 개야."

아작이 정색하며 말했다. 놀라는 대충이를 보고 아작이 씩 웃었다.

"뻥이야! 안드로메다 인들도 지구인과 비슷해. 산소나 만유인력 같은 행성의 기본 조건이 지구와 비슷하거든!"

　그때였다. 축제의 사회를 보던 사람이 무대 뒤로 사라지는 모습이 메타의 눈에 잡혔다. 밀짚모자를 푹 눌러써서 어느 마을의 이장님인 줄 알았지만……

　"투팍이다! 모자로 긴 얼굴을 가리고, 사회자로 변신해 있었군!"

　아작이 외쳤다. 두 요원은 무대 위로 뛰어올라 투팍을 맹렬히 추적하기 시작했다. 투팍은 자신의 뒤를 쫓는 일행에게 블랙 큐브를 추켜들고 괴상하게 웃으며 소리쳤다.

　"아호호홍홍, 이미 늦었다! 방금 바이러스를 살포해 버렸지! 이곳 촌락의 모습은 이제 모두 없어질 거야!"

　그 말이 떨어지기 무섭게 요원들과 대충이 주변의 모습이 빠르게 바뀌기 시작했다. 장터도 가물거리며 사라지고, 멀리 보이던 논도 밭도 사라지고 있었다. 잠시 후 와글거리며 모여 있던 사람들만 빈자리에 덩그러니 남았다. 축제를 즐기던 사람들은 모든 것이 사라지자 영문을 몰라 우왕좌왕하기 시작했다.

　"큰일이다! 이곳의 모습이 바뀌고 있어!"

　갑작스런 주변의 변화에 아작이 외쳤다. 일행이 놀라 멈칫하는 사이 투팍은 어디로 도망쳤는지 보이지 않았다. 축제장과 논밭, 전통 시장 등 인문 환경으로 번듯하게 꾸며진 촌락이 순식간에 황량한 곳으로 바뀌어 버렸다. 바스락거리는 모래와 황토색을 지닌 묘하게 생긴 돌만 주변에 가득했다.

　"결국 투팍이 의도한 대로 되고 말았어! 촌락이 사라졌어."

　메타가 분하다는 듯 외쳤다.

“이제 어떻게 되는 거예요? 어차피 사라진 것은 가상 세계 아니에요?”

대충이가 이해가 안 된다는 듯 물었다.

“개념 바이러스가 만드는 가상 세계는 현실 세계와 경계가 모호해! 우리가 그 안에 있으면 그게 곧 현실이야!”

“그게 무슨 말이에요?”

“아까 집에서 한번 겪어 봤잖아! 그게 가상 세계라는 느낌이 든 적 있었어? 잠에서 깨어난 느낌이 들기라도 했어?”

대충이는 아니라는 듯 고개를 저었다.

“현실과 가상 세계는 자유롭게 오가도록 촘촘하게 연결이 되어 있어! 저 사람들을 봐!”

뜻밖의 상황에 우왕좌왕하던 사람들은 하나둘 각자의 목적지로 흩어지기 시작했다.

“축제장과 농촌이 없어진 것은 저 사람들에게는 현실 속에서 벌어진 일이야! 아마 내일쯤 이곳으로 기자들이 취재를 올지도 몰라. 많은 것이 순식간에 사라졌으니 전 세계 특종감이겠지. 겪지 못한 사람은 아무도 믿지 않겠지만!”

대충이는 요원들의 설명에도 여전히 어리둥절해하고 있었다. 그때 잠시 잊고 있던 뭔가가 불쑥 떠올라 두 요원을 바라보며 물었다.

“내 수수부꾸미 못 봤어요?”

“뭐? 수수부꾸미도 축제의 한 구성 요소였으니 같이 사라졌겠지! 근데 넌 이 와중에도 먹는 생각밖에 안 나냐?”

“아이코, 한 입도 못 먹었는데……. 으윽, 배고파!”

진심으로 안타까워하는 대충이를 보며 아작이 고개를 절레절레 흔들었다.

“도무지 개념이 없군! 개념이 없어. 어딜 봐! 대충이 너 말이야.”

아작이 대충이에게 삿대질을 하며 한바탕 훈계하려 할 때였다. 아작의 등 뒤를 본 대충이는 얼이 빠진 듯한 표정을 지었다. 그 옆에 있던 메타도 혼이 나간 얼굴로 대충이와 같은 곳을 바라봤다. 그곳에선 보고도 믿기지 않는 일이 벌어지고 있었다. 새로이 도시가 건설되고 있었던 것이다.

방금까지 황무지였던 땅에 거대한 빌딩들이 마치 블록 장난감처럼 착착 조립되며 빠른 속도로 들어서고 있었다. 한 층 한 층 건물이 1초 단위로 쌓이고, 도로가 수십 미터씩 죽죽 깔리고 있었다.

농촌의 모든 것이 사라지던 모습과 반대 되는 모습이었다. 농촌이 없어진 자리에 거대한 도시가 세워지고 있었다.

“투팍, 이 녀석 정말 못 말리겠군. 촌락을 없애고 도시를 세우다니!”

메타가 황당한 표정으로 중얼거렸다.

“후유, 이제 개념 큐브를 찾아 도시 탐험을 해야겠네!”

아작도 한숨을 쉬며 중얼거렸다.

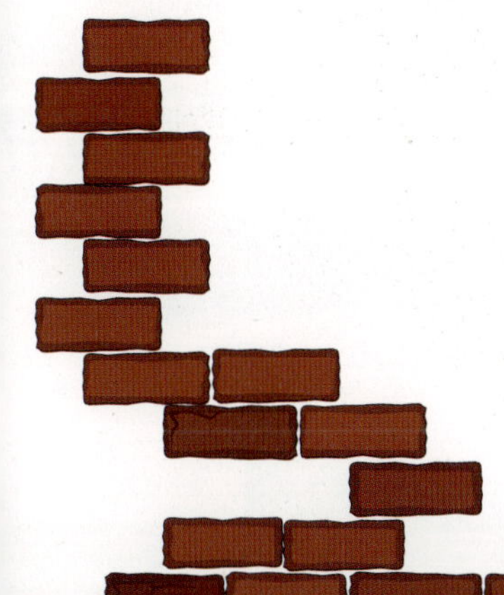

H

◎◎◎ "아호호호홍! 더 높게, 더 넓게, 더 많이, 팍팍 세워져라!"

투팍은 눈앞에서 만들어지는 거대 도시를 보며 신 나게 웃고 있었다. 도시가 세워지는 모습은 정말 장관이었다.

웃음을 멈춘 투팍은 손안에 들고 있는 개념 큐브를 사랑스럽다는 듯 쓰다듬었다. 큐브 안에서는 바이러스가 마치 안개처럼 계속 쏟아지고 있었다. 바이러스는 공기 중으로 넓게 퍼져 나가면서 도로를 깔고, 고층 건물을 세우고, 주택과 상점을 속속 지었다. 도로에는 자동차까지 만들어지고 있었다. 도시에서 볼 수 있는 모든 요소가 생기는 것이다.

비록 가상 도시지만 실제와 다를 바가 없었다. 큐브 주인인 대충이에게 「도시와 촌락」에 관한 개념이 제대로 학습되지 않으면 개념 바이러스의 위력은 점점 더 강해질 것이다. 바이러스는 끝도 없이 퍼져 나가 드디어 거대 도시를 완성시켰다.

도시를 감싼 순환 도로 안쪽으로는 작고 촘촘히 들어선 건물들부터 높고 웅장한 건물들이 세워졌고, 교통의 요지에는 대형 빌딩까지 들어서 있었다.

"오, 아름다운 인공미! 콘크리트의 완벽함! 멋져!"

감탄사를 연발하던 투팍은 모든 것을 막아 준다는 크립톤 운석으로 만든 상자에 블랙 큐브를 집어넣었다. 안드로메다 요원들의 추적을 따돌리기 위해서였다.

"이러면 큐브 추적기로도 나를 찾아낼 수 없을걸! 우호호홍홍!"

투팍은 다시 한 번 괴상한 웃음을 터뜨리며 주위를 두리번거렸다.

"가만있자. 도시를 다스릴 이 투팍님의 본부를 어디로 정하면 좋을까?"

으슥한 지하실이나 창고 같이 전형적인 악당들이 선택하는 칙칙한 곳은 아무래도 폼이 안 났다. 그때 두리번대던 투팍의 시선에 딱 꽂히는 곳이 있었다.

"그래, 바로 저기야!"

그곳엔 황금색으로 반짝반짝 빛나는 101층 빌딩이 당당한 모습을 드러내고 있었다. 이 도시에서 가장 높은 빌딩이었다. 투팍은 그곳을 향해 걷기 시작했다. 빌딩 꼭대기에 있는 스카이라운지를 활동의 중심지로 삼을 셈이었다.

"헥! 헥! 헥! 에고, 힘들어!"

투팍은 더위 먹은 개처럼 혀를 내밀고 숨을 몰아쉬고 있었다. 멀리서 볼 때는 가까워 보였는데 막상 걸어 보니 생각보다 먼 거리였다. 우주선은 지구에 도착 후 연료를 아끼기 위해 아무도 모르는 지하 창고에 숨겨 두었는데 괜한 일을 했다는 생각이 들었다. 투팍은 주위를 두리번거렸다.

"뭐 타고 갈 것 좀 없나?"

거대 도시답게 도로에는 차가 많았지만 움직이는 차는 한 대도 없었다. 그도 그럴 것이 큐브 바이러스에 의해 도시만 생겨났을 뿐, 사람은 아직 한 명도 없기 때문이었다. 사람이 없으니 교통수단이 있어도 그 기능을 사용할

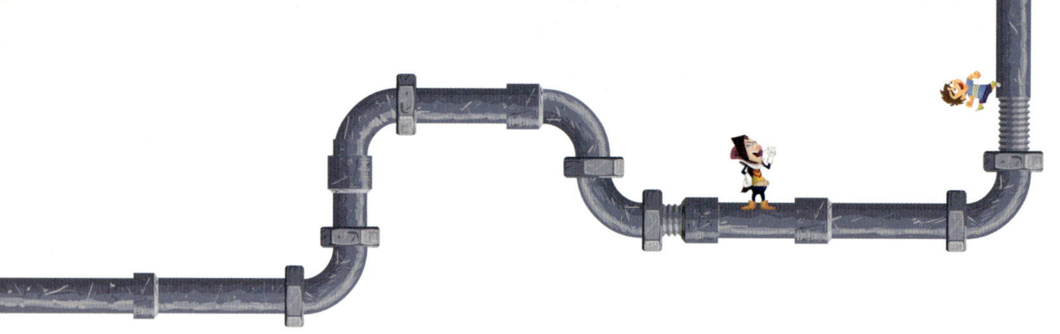

수 없었다.

"에휴, 쓰러지겠다!"

건물에 도착한 투팍은 엘리베이터를 눌렀다. 하지만 엘리베이터도 작동하지 않았다. 아직 도시에 전기가 들어오지 않은 것이다.

"어휴, 저긴 또 언제 올라 가냐?"

101층을 향해 끝도 없이 이어진 계단을 보며 투팍은 깊은 한숨을 내쉬었다. 자신이 만든 도시가 자신을 괴롭히는 것 같은 느낌이 들었다. 다른 개념도 많은데 하필 몸집이 큰 「도시와 촌락」 개념을 날려 버린 대충이에게 악담을 퍼부었다.

"이 녀석 다시 만나기만 해 봐라! 머리를 콩콩 때려 줄 거야. 아니지, 팍팍 때려 줄 테닷!"

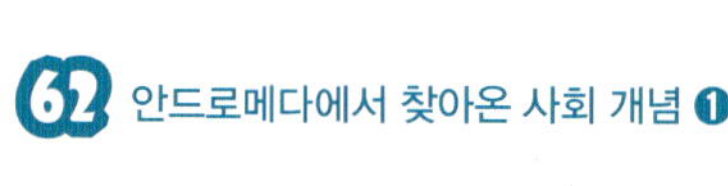

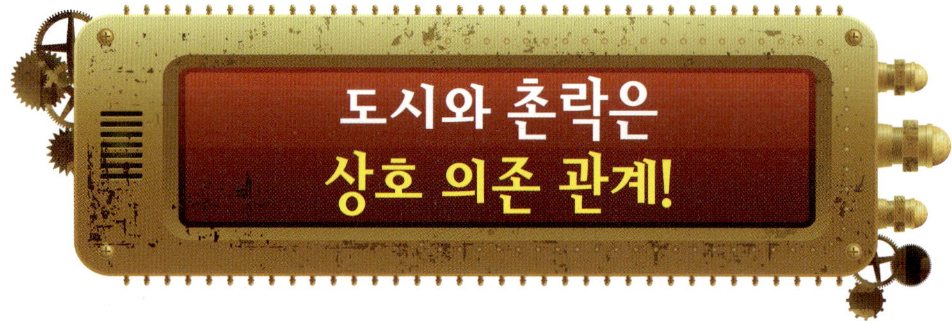

◎◎◎ "아, 누가 내 욕을 하나? 왜 이리 귀가 간지럽지?"

요원들 뒤를 졸졸 따라가던 대충이가 손가락으로 귀를 파며 중얼거렸다.

"이곳에서 못 나가면 우리가 욕을 소나기 쏟아지듯 해 줄 거야!"

아작이 으르렁대며 말했다. 도시에 들어와 큐브를 찾아 헤맨 지 벌써 꽤 오랜 시간이 흐르고 있었다.

"에이, 나쁜 건 우주 악당인데 왜 자꾸 저한테 그래요?"

"처음부터 네가 개념을 안드로메다로 보내지 않았으면 이런 일이 생기지 않았잖아."

"이미 보낸 것을 어쩌라고요? 외계인 아저씨 뒤끝이 장난 아니시네요? 히히!"

"아이고, 혈압 올라!"

아작은 뒷덜미를 잡은 채 쓰러지려고 했다.

"야, 네 얼굴 또 신호등 된다!"

아작의 얼굴이 빨갛게 달아오르는 모습을 보고 메타가 실실 웃으며 말했다.

'저 녀석도 은근 얄미워! 이번 임무만 마치기만 해 봐라!'

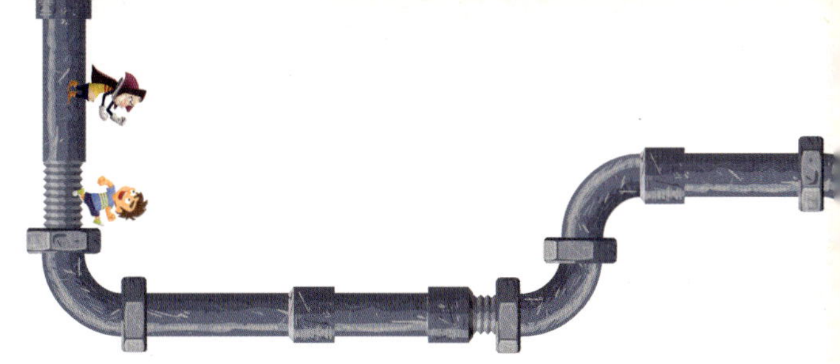

아작은 속으로 다짐했다.

"어쨌든 큐브만 찾으면 내 볼일은 끝나잖아요?"

대충이가 태평하게 말했다. 맞는 말이긴 하지만 그냥 넘기기엔 어쩐지 억울했다.

"찾으면 다행이지. 하지만 찾지 못하면…….”

"찾지 못하면……. 뭐요?"

아작이 방금 질문한 대충이에게 무서운 얼굴을 바짝 들이대며 말했다.

"너도 이곳에서 나가지 못하고 영원히 갇혀 버릴 수가 있어. 그럼 넌 엄마 아빠도 못 만나는 거야!"

"으아악!"

깜짝 놀랐는지 대충이는 몇 발자국 뒤로 물러났다.

"어때? 무섭지? 막 울고 싶지?"

아작이 의기양양하게 팔짱을 끼었다. 상황의 심각성도 모르고 수시로 밥 타령이나 하는 대충이에게 겁을 주고 싶었다. 하지만 울음을 터뜨릴 거라는 기대와는 달리 대충이는 한 손으로 코를 막고, 한 손으론 허공을 휘휘 저었다.

"혁, 냄새! 외계인들은 입 냄새가 원래 그래요? 으, 숨도 못 쉬겠네!"

"큭!"

다리에 힘이 풀린 듯 아작은 순간 휘청거렸다. 껄껄 웃으며 그 모습을 보던 메타가 대충이에게 말했다.

"외계인들이라고 다 그렇지는 않아. 아작은 일주일에 한 번 닦을까 말까지만."

"야, 넌 대체 누구 편이냐?"

아작이 메타에게 외쳤다.

"이 잘 닦는 사람 편!"

메타가 얄밉게 웃으며 말했다.

"그럼, 내 편은 아무도 없군!"

아작은 하늘을 바라보며 두 팔을 벌리고 외쳤다.

"나, 안드로메다로 돌아갈래!"

메타는 아작을 전혀 신경 쓰지 않는다는 듯 대충이를 보았다.

"아무도 없는 도시를 돌아다니는 느낌이 어때?"

"기분이 이상해요. 건물이 많은 것만 빼면 꼭 시골에 갔을 때와 느낌이 비슷해요."

"사람들이 없어서 시골이 싫었던 거야?"

"그렇기도 하지만 그보단 수영장도 가지 못하고 하우스플러스 같은 대형 마트도 없고, 다있소 같은 장난감 가게나 놀이동산도 없잖아요. 없는 게 많아도 너무 많아요!"

메타가 이해된다는 듯 고개를 끄덕였다.

"그래. 네가 말한 것들이 도시에서 얻을 수 있는 장점들이긴 하지. 하지만 시골에는 도시에 없는 것들이 있잖아?"

“어떤 거요?”

“맑은 공기와 아름다운 숲, 깨끗한 시냇물 등 사람의 힘이 가해지지 않은 순수한 자연 그대로의 환경 말이야!”

“흥, 그까짓 게 뭐가 좋아요? 난 사람들이 북적북적한 게 좋아요.”

“너는 자연환경보다 인문환경을 더 좋아하는구나? 문화나 산업 시설 같이 도시로 사람들이 모여 들게 하는 인위적인 환경 말이야.”

“자연환경이건 인문환경이건 무슨 말인지 모르겠고요. 그냥 난 심심하고 불편한 시골 분위기가 엄청 싫어요.”

“그건 사람들이 도시로 모여들면서 그만큼 촌락의 인구가 줄어들었기 때문이지. 인구가 줄어드니 교통 시설이나 문화 시설에 더는 투자할 수 없는 상황이 벌어지고, 생활하기가 불편하니 사람들은 더 편리한 곳으로 이동하는 악순환이 계속되는 거지!”

메타의 말에 대충이가 잠시 생각하다가 입을 열었다.

“듣고 보니 그런 것 같긴 하네요.”

“그나마 다행이다.”

아작이 불쑥 끼어들며 말했다.

“뭐가요?”

“네가 도시와 촌락에 관한 개념이 그 정도밖에 없으니 이 도시가 더는 발전을 못하고 있는 것 같으니 말이다!”

“그럼 제가 잘한 건가요? 헤헤.”

아작은 속도 없이 헤헤거리는 대충이를 보면서 이제는 화도 나지 않았다.

“그렇다고 잘했다는 건 아니고, 네가 빨리 개념을 갖춰야 바이러스의 활동을 멈출 수 있을 거야!”

“투팍부터 빨리 찾아야 해! 이 악당이 어디 숨었을까?”

메타가 도시에 들어올 때부터 큐브 추적기를 켠 채 다녔지만, 아무 반응도 나타나지 않았다. 투팍이 어떤 조치를 취해 둔 것 같았다. 이 커다란 도시에서 아무 단서 없이 막연히 찾으려니 무척 힘들었다.

“도시의 으슥한 골목과 지하실 같은 곳을 찾아보자고! 음침한 녀석이니까 분명 그런 곳에 숨어서 음모를 꾸미고 있을 거야!”

메타는 옆 건물의 지하실로 향하며 말했다.

◎◎◎ 안드로메다 요원들의 예상과는 달리 투팍은 101층 빌딩의 꼭대기 층인 스카이라운지에 있었다. 그곳에서 자신이 만든 도시를 내려다보며 나름대로 고민에 빠져 있었다.

"도시 안에 쥐새끼 한 마리 안보이네? 그 녀석들은 어디를 헤매고 있기에 코빼기도 안 보이는 거지?"

도시는 생기라고는 전혀 찾아볼 수 없는 그저 잿빛이 가득한 시멘트 숲이었다. 안드로메다로 개념을 보내지 않은 아이들을 도시로 불러 모아야 할 때였다. 그래서 아이들에게서 직접 개념을 받아내 블랙 큐브에 가둬야 했다. 그 아이들이 안드로메다로 개념을 보내 버리면 가로채기 힘들기 때문이었다. 그러기 위해선 먼저 이 도시로 아이들을 끌어들여야 했다.

'아이들을 이 도시로 데려오려면 그들이 좋아하는 것들로 채워야 하겠지?'

투팍은 자신이 어렸을 때의 기억을 더듬거렸다.

"놀이공원을 제일 좋아할 거고, 공연장이나 경기장도 있어야 하겠지. 영화관도 있어야 하고!"

한참 고민하던 투팍의 머릿속엔 아이들에게 필요 없는 것도 떠올랐다.

"학교나 학원은 절대 안돼. 그래야 아이들이 좋아할걸! 나도 그랬으니까. 푸 헤헤!"

투팍은 상자를 열고 큐브를 들어 올렸다. 잠시 후 잿빛 도시에 화려한 놀이 기구를 갖춘 놀이동산부터 들어섰다. 그리고 건물들 사이에 아이들을 위한 공연장이 들어서고 전시장과 야구장, 축구장도 속속 세워지기 시작했다.

한편, 투팍이 세운 도시 밖에서는 사람들이 점차 모여들었다. 멀쩡하던 촌락이 갑자기 사라지고 황무지만 남았다는 믿기지 않은 소문을 듣고 전국 각지에서 구경하려고 몰려든 사람들이었다.

그런데 현장에 와 보니 황무지가 아니었다. 넓은 땅 위엔 끝이 보이지 않는 최첨단 도시가 세워져 있었던 것이다.

하루아침에 생겨난 도시에 사람들의 눈이 휘둥그레졌다.

"와, 저게 뭐야?"

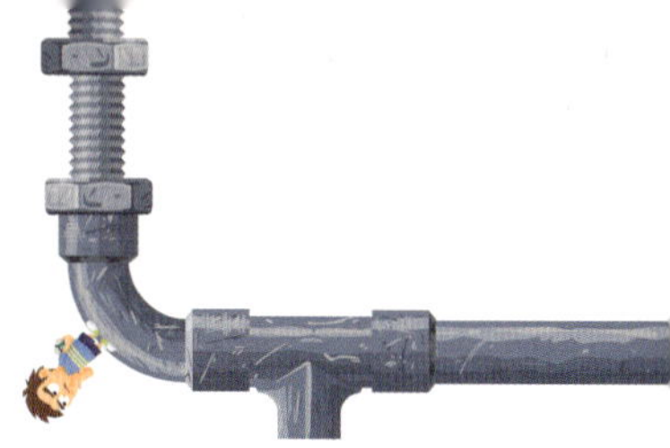

"어제까지 없었던 도시인데?"

"서울이 이쪽으로 옮겨진 것 같아!"

곳곳에서 의문과 탄성이 터져 나왔다. 단순히 착시에 의한 가상 도시가 아니라 실제 도시처럼 보였기 때문이었다. 몰려든 사람들은 꿈을 꾸고 있는 것 같아 옆 사람의 볼을 서로 꼬집어 보았다.

"아프냐? 나도 아프다!"

"뭐야, 꿈이 아니라고? 정말 새로운 도시가 만들어진 거야? 하루만에!"

사람들은 도시를 바라보며 웅성거리고 있었다. 사람들 틈에 섞여 있던 아이들은 멀리 보이는 놀이공원의 현란한 불빛에 시선이 꽂혔다.

"저기 놀이동산이다!"

"나도 갈래! 나도, 나도!"

호기심과 용기가 있는 아이들이

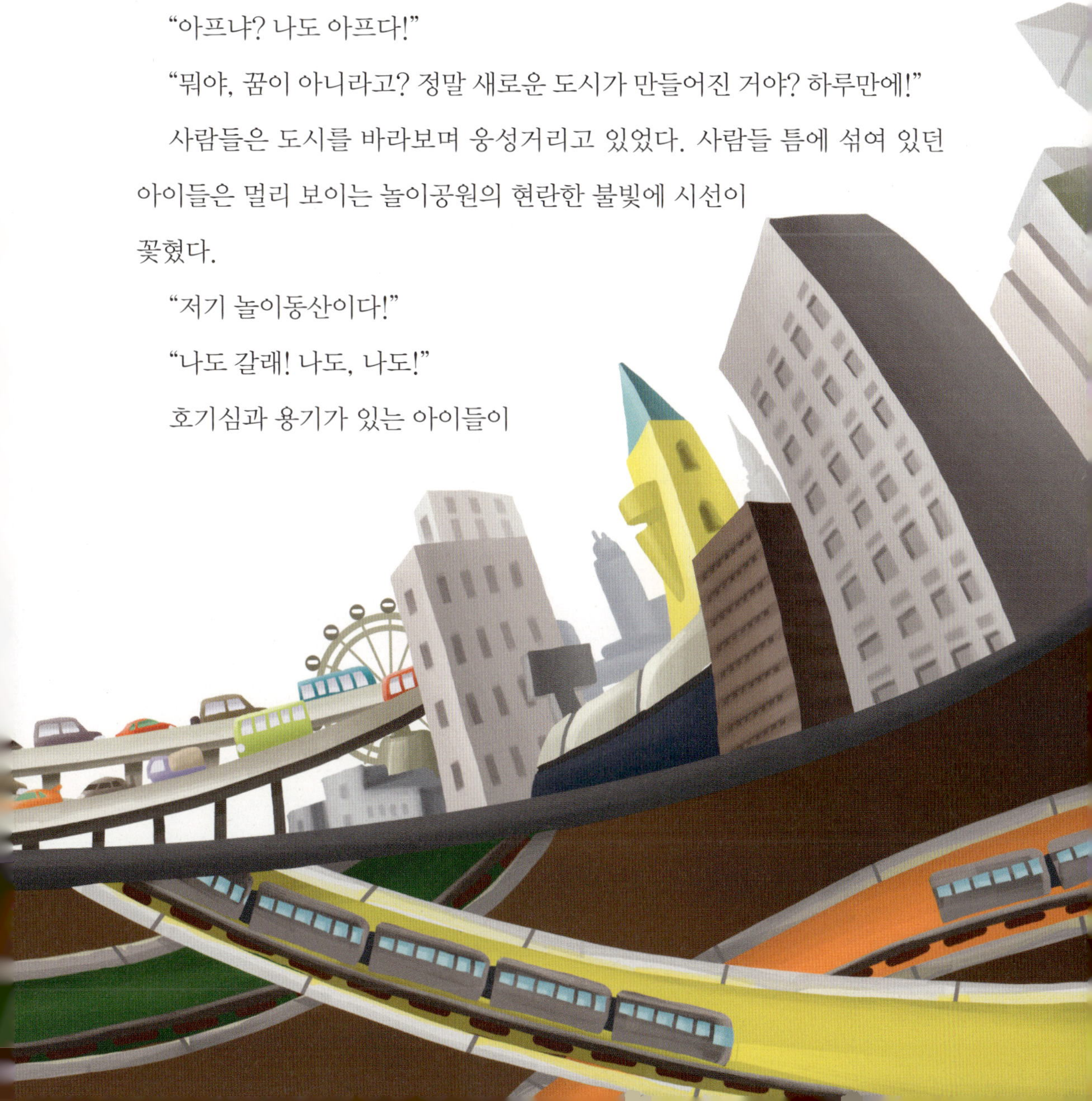

먼저 앞장서 도시가 시작되는 부분을 통해 안으로 들어가기 시작했다. 한 명, 두 명 들어가기 시작하더니 망설이던 사람들도 그 뒤를 따라 줄줄이 들어가고 있었다.

텅 빈 도시를 신기한 듯 두리번거리며 한참을 걷던 사람들 앞에 투팍이 나타났다. 투팍은 확성기까지 들고 큰 소리로 외쳤다.

"이 도시에 온 것을 환영합니다! 이곳에서는 어디든 마음에 드는 집에서 살고, 아무 차나 골라 타면 됩니다."

"정말이에요?"

파격적인 제안에 사람들은 깜짝 놀랐다.

"정말이고 말고요. 이 도시에서는 원하는 것은 뭐든지 할 수 있습니다."

그 말이 끝나자마자 어른들은 도로에 세워져 있는 자동차로 재빨리 달려갔다. 평소에 타보지 못한 스포츠카와 고급 자동차가 도로에 널려 있었다. 먼저 타는 사람이 차의 주인이었다.

"와! 와!"

아이들은 함성을 외치며 놀이동산으로 달려갔다. 좋은 소문은 금세 퍼지는 법! 얼마 지나지 않아 도시는 전국 곳곳에서 몰려든 사람들로 가득 찼다. 그러나 이곳이 외계 악당 투팍이 세운 가상 도시라는 것을 눈치챈 사람은 아무도 없었다.

한편, 투팍이 있는 도시의 반대편을 헤매고 있던 아작 일행은 점점 지쳐가고 있었다. 도시가 매우 커서 그 안에서 투팍을 찾기엔 힘이 부족했다.

“이 도시가 네가 사는 서울보다 클까? 아니면 작을까?”

아작의 물음에 대충이는 고개를 저었다.

“잘 모르지만 가도 가도 끝이 없는 건 비슷하네요.”라고 대답한 뒤 대충이는 무작정 도로를 건너기 시작했다.

“위험해!”

메타가 뒤에서 대충이의 옷을 잡아당겼다. 대충이는 뒤로 엉덩방아를 쿵 찧고 말았다. 그 앞으로 아슬아슬하게 스포츠카 한 대가 쌩하고 지나갔다.

“도대체 어떻게 된 일이야?”

아작이 뒤에서 외쳤다. 스포츠카를 시작으로 유령 마을 같았던 도시가 갑자기 활기를 띠었다. 텅 비었던 도로에 갑자기 자동차가 떼를 지어 돌아다니고 거리에도 사람들의 모습이 많아졌다. 요원들과 대충이는 갑자기 바뀐 상황에 어리둥절해했다.

“사람들이 점점 늘어나고 있어. 이런! 투팍이 도시의 기능에 눈을 뜬 거야!”

메타가 심각한 표정으로 말했다.

“도시의 기능이라니요?”

대충이가 고개를 갸웃거리며 물었다.

“도시에 사람들이 많이 모여들고 있잖아!”

“그게 뭐 어때서요?”

“사람들이 많이 모여 살면 뭐가 좋을까?

“같이 놀 수 있으니 재미있겠죠? 게임도 같이하고요! 아,

맛 집도 많을 테니 실컷 먹을 수 있겠다. 헤헤!"

대충이는 입에서 나오는 대로 대답했다.

"넌 기본적인 생각밖에 못하는구나? 뭐 네 말도 틀리지 않았지만 몇 가지 현상이 일어나지. 우선 일할 사람이 많아지니까 산업이 더 발전하겠지? 그리고 많은 사람과 물자가 이동해야 할 테니 교통도 발달할 거야."

"하긴 서울 지하철의 노선이 자꾸 늘어나고 있더라고요."

"그렇지? 게다가 소비자가 늘어날 테니 상업 시설도 덩달아 늘어날 거야. 또 여가 생활을 중요하게 생각하는 사람들도 많으니까 극장과 같은 문화 시설도 더 생겨날 거고!"

"그렇군요!"

대충이가 알겠다는 듯 고개를 끄덕였다.

"투팍이 그 원칙에 충실히 따라 도시를 꾸미고 있는 것 같아!"

일행이 대화하고 있는 사이에도 더욱더 많은 사람들이 거리를 오가고 있었다. 아이들도 눈에 많이 띄었다.

"이런, 아이들이 계속 많아지고 있어. 결국 개념 큐브를 쉽게 얻으려는 수작일 거야!"

대충이는 고개를 갸웃거렸다.

"저, 계속 궁금했는데요. 큐브를 많이 모으면 좋은 게 있어요?"

"흠, 힘이 그만큼 더 강해지지. 네 개념을 담은 블랙 큐브로는 이런 도시를 하나밖에 못 만들지만 「도시와 촌락」의 개념을 가진 큐브가 더 많이 있으면 어떻게 되겠니? 그 숫자만큼 도시를 더 건설할 수 있겠지? 그리고 아이들을 통해 역사나 과학, 수학 등 다른 개념도 쉽게 빼앗을 수 있을 거야."

"큐브가 많을수록 그 우주 악당의 힘이 더 세지는 건가요?"

"흥!"

메타가 대답하기 전에 아작이 콧방귀를 끼었다.

"그 녀석이 강해져 봤자야. 나한테 걸리면 이 전설의 밧줄로 확 잡아 버릴 테니."

아작이 허리춤에 걸어 놓은 올가미 밧줄을 꺼내 휘휘 돌렸다.

"와우, 멋있다!"

대충이가 박수까지 치며 탄성을 지르자 아작이 으쓱하며 물었다.

"그렇지? 내 포박 솜씨는 우주 제일이라고! 하하!"

"그런데 밧줄은 너무 구식 아니에요? 최신식 레이저 총도 모자랄 판에……. 그건 지구에선 몇 백 년 전에나 쓰던 건데요?"

"뭐?"

민망함에 얼굴이 빨개진 아작은 대충이 눈앞에 밧줄을 대고 흔들었다.

"야, 이건 우리 조상님들께서 우주 악당을 1,000명도 넘게 잡았던 역사적인 밧줄이야! 돈 주고 살 수 없는 거라고!"

"에이, 제가 보기엔 새끼줄로 대충 만든 거랑 차이가 안 나는 것 같은데요. 쯧쯧쯧, 속았네 속았어. 조상님한테 속았어!"

"이 녀석아! 이건 한번 포박당하면 절대 빠져나올 수 없는 거라니까!"

"일단 악당을 포박해서 잡은 뒤에 다시 보자고요!"

"보여야 잡지!"

"잡아야 보죠!"

아작은 한마디도 안 지고 꼬박꼬박 얄밉게 대꾸하는 대충이를 씩씩거리며 노려보았다. 메타가 두 사람 사이를 끼어들었다.

"방해해서 미안한데, 지금 우리끼리 이러고 있을 때가 아니야. 빨리 투팍이 있는 곳을 찾아야지!"

"그동안 계속 찾아다녔는데 못 찾았잖아요! 능력이 없어도 너무 없어."

대충이가 툴툴거렸다. 아작의 얼굴이 터질 듯 붉어지고 있었다.

"우리가 잘못된 지역을 찾고 있었던 것 같아! 혹시 투팍을 본 사람이 있을지도 몰라!"

메타가 길 건너편에 지나는 사람들을 가리키며 말했다.

"꼴도 보기 싫으니 넌 그냥 거기 서 있어라!"

아작이 대충이에게 눈을 흘기며 말했다.

"네네, 배고파서 걸을 힘도 없는데 고맙네요, 쳇."

대충이만 두고 아작과 메타는 길을 건너 지나는 사람들을 붙잡고 묻기 시작했다. 대충이는 도로 가장자리에 가만히 서서 그 모습을 바라보았다. 이 모든 것이 아직도 꿈만 같았다. 개념을 안드로메다로 보냈을 뿐인데 많은 일이 벌어지고 있었다. '개념 따위는 안드로메다로 보낼 거야!'라는 말이 친구들 사이에서 유행처럼 번졌던 기억이 났다. 그게 얼마나 위험한 말인지 그때는 미처 알지 못했다.

'언젠가 아작과 메타가 그 친구들에게도 큐브를 돌려주러 찾아갈까?'

한참 생각에 빠져 있는 대충이 바로 뒤에서 맨홀 뚜껑이 들썩거리고 있었다. 하지만 일행 가운데 이를 눈치챈 사람은 아무도 없었다. 잠시 후 맨홀 뚜껑이 옆으로 스르륵 열렸다. 그리고 그 안에서 검은 장갑을 낀 손이 쓰윽 나오더니 대충이의 다리를 탁 잡았다.

"꺄아아악!"

아작과 메타가 비명을 듣고 뒤를 돌아보았다. 하지만 미처 손쓸 틈도 없이 맨홀 아래로 끌려 가는 대충이의 모습을 그저 바라볼 수밖에 없었다.

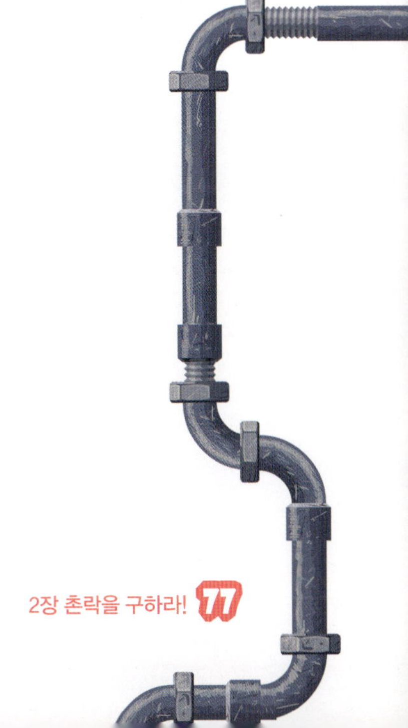

촌락

흔히 시골이라는 말로 사용되는데, 농업, 어업, 임업, 축산업 등과 같이 자연에서 사람에게 필요한 것을 얻는 산업을 주로 하는 지역 사회를 말한다. 주변 환경과 생활 모습에 따라 농촌, 어촌, 산지촌으로 나눈다. 물이 풍부하고 생산물을 많이 얻을 수 있는 곳에 사람들이 모여 마을을 만들고, 안전과 생활에 관련되어 있는 날씨를 중요하게 여긴다.

어촌

주로 바닷가에 자리 잡은 마을로 주민 대부분이 주로 어업을 하는 지역을 가리킨다. 생선, 조개, 김, 굴, 미역, 소금 등을 생산하는데, 필요에 따라 농촌 지역처럼 농사를 지어 수입을 얻기도 한다. 어촌과 관련된 용어로는 염전, 건조장, 방파제, 등대, 부두, 생선 직판장, 해수욕장 등이 있다.

농촌

들판이 넓게 펼쳐져 있고 강이나 하천이 흐르는 곳에서 주민 대부분이 농사를 짓는 마을이나 지역을 가리킨다. 주로 곡식, 채소, 과일, 꽃 등을 생산하는데 겨울에는 비닐하우스를 만들어 계절의 제약을 극복한다. 농촌과 관련된 용어는 저수지, 인공 수로, 정미소, 농산물 저장 창고 등이 있다.

산지촌

주변에 산과 울창한 숲이 많고, 경치가 좋고 공기가 좋은 지역이다. 길이 좁고 구불구불하기도 하지만, 작은 크기의 농사를 짓기도 한다. 버섯, 약초, 목재, 축산물, 광물 등을 생산하며, 산을 이용하여 스키장이나 삼림욕장 등 관광지로 개발하기도 한다. 산지촌과 관련된 용어에는 목장, 고랭지 농업, 계단식 논, 임업 등이 있다.

귀농

농사를 지으려고 하던 일을 그만두고 (주로 도시를 떠나) 농촌으로 돌아오는 것을 말한다. 농촌 지역도 점점 편의 시설이 늘어나 예전만큼 불편하지 않고, 도시에서 직장을 구하기 어렵거나 도시의 답답한 생활을 그만두고 싶어 하는 사람들이 늘어나면서 이러한 생활 모습이 나타났다.

지역 축제(고장의 행사)

문화 예술 행사와 고장에서 기념할 만한 전통 축제 등을 아울러 이르는 축제를 말한다. 지역 주민에게는 경제적인 도움을 주고, 방문객들은 다양한 문화를 체험할 기회를 가질 수 있다. 우리나라뿐만 아니라 전 세계의 여러 지역에서 해마다 지역의 특색을 반영한 축제를 연다. 우리나라는 무주 반딧불 축제, 보령 머드 축제, 남원 춘향제 등의 전통 축제가 유명하다.

3장
이 세상에
도시만 있다면?

◎◎◎ "으윽, 냄새!"

대충이는 코를 킁킁거리며 옷을 탁탁 털었다.

"납치하려면 깔끔하게 좀 하지. 하필 더럽게 하수구를 통해서 해요? 생쥐도 아니고!"

"아, 미안, 미안!"

얼굴을 붉히며 사과하던 투팍은 이내 정신을 차리고 큰 소리로 외쳤다.

"야! 네가 납치된 거고 내가 악당이야! 똑바로 해!"

"빨리 내 개념 원구나 내놔요!"

투팍의 말은 제대로 듣지도 않고 대충이가 더 큰 소리로 외쳤다.

"줄 땐 언제고 내놓으래!"

“와, 이 아저씨 정말 고약하시네? 줄까 말까 했는데 낚아채 간 거잖아요!”

“너한테 별로 필요도 없을 테니 그냥 좋은 일 한 셈 쳐라!”

투팍은 얼렁뚱땅 입을 싹 닦으려고 했다.

“주세요! 이제 나도 개념이 필요하다는 걸 알았다고요!”

“딱 보면 모르냐? 너보다 내가 더 필요해!”

“우와, 정말 뻔뻔하군요.”

“고맙다. 악당에게 그런 말은 칭찬이란다. 아호호홍홍!”

뻔뻔이 둘이 만나니 뻔뻔한 대화만 이어지고 있었다.

“정말 그걸로 지구를 정복하려고 하는 거예요?”

대충이의 당돌한 말 한마디에 투팍은 멈칫하더니 이내 고개를 끄덕였다.

“정복이라기보다 지구의 문명을 없애 버리려고 하는 거지!”

“왜요?”

잠시 고민하던 투팍은 주먹을 불끈 쥐고 말했다.

“지구인의 우주 개발 속도가 너무 빨라! 너희 나라도 얼마 전 우주로 나로호를 발사했잖아? 이대로 두면 너희 인간들은 지구 환경을 망치는 것도 모자라 우주까지 어지럽히게 될 거야!”

"보기와 달리 환경에 관심이 많으신가 봐요?"

투팍은 뜨끔했다. 그냥 재미로 한다고 말할 순 없어서 그럴 듯하게 포장했는데 대충이가 대충 속아 넘어가 줄지는 확실하지 않았다. 대충이의 질문이 이어졌다.

"근데 왜 이리 복잡하게 해요? 영화에서 보면 커다란 우주 전함을 끌고 와서 레이저 쏘고 다 때려 부수고 하잖아요."

"후유!"

투팍은 한숨을 쉬었다.

"그러니 영화지! 그만한 우주선 하나 만들려면 돈이 얼마나 드는지 아니? 재료비만 알려줘도 입이 떡 벌어질걸? 그 큰 우주선을 몰고 여기까지 오는 연료비는 또 누가 부담하고?"

"그것까진 제가 알 바 아니죠!"

"봐라! 넌 내가 질문만 하면 대답도 못하잖아? 너 같이 개념을 상실한 무개념 아이들이 늘어나면, 굳이 때려 부수는 공격을 하지 않아도 머지않아 지구 문명은 저절로 사라지게 되어 있어!"

그 말에 대충이가 발끈하며 말했다.

"은근히 기분 나쁘네요."

그 말에 투팍이 의외라는 표정을 지었다.

"넌 촌락 따위는 싫다며? 네가 원하는 대로 만들어 주고 있는데 왜 불만이냐?"

"내가 원하는 것이 뭔데요?"

“자, 이리 따라와라.”

대충이를 스카이라운지로 데려간 투팍은 도시의 전경을 보여 주었다.

“너는 시골이 싫다고 했지? 전부 도시가 되기를 바랐잖아? 자, 이제 다른 아이들의 「촌락과 도시」 개념도 빼앗아 이런 도시를 계속해서 만들 거다. 지구에 있는 모든 촌락을 없애 버리고 이런 거대한 도시로 바꿔 버릴 거야!”

투팍은 의기양양하게 말했다.

“와우, 멋진데요? 도시로만 가득하면 지구가 정말 볼 만하겠어요.”

대충이가 걱정은커녕 감탄하자 투팍은 당황했다.

“지구에 도시만 있으면 어떻게 되는지 알고나 하는 소리냐?”

“좋지 않을까요? 도시가 점점 커지고 많아져서 사람들이 다 도시에 모여 살면? 알약은 좀 싫지만…….”

“야, 이 녀석아! 그게 무서운 거야!”

“아, 글쎄 그게 왜 무섭냐고요? 도시가 점점 커지면 좋은 거잖아요? 야경도 멋질 거고!”

“아이고, 속 터져!”

오히려 투팍이 가슴을 쥐어뜯으며 답답함을 느꼈다. 도시를 계속 만들어 결국 지구를 멸망시키려고 한다는 걸 대충이가 전혀 모르고 있었기 때문이다.

“도시만 커지고 촌락이 없어지면 무슨 일이 생길지 정말 전혀 예상이 안 되는 거냐?”

“엄청 좋을 것 같은데요? 게임방도 많이 생기고!”

대충이가 어깨를 으쓱하며 말하자 급기야 투팍이 고함을 질렀다.

"안 좋아! 안 좋다고!"

대충이가 아무 생각없이 좋아하자 투팍은 오히려 약이 올랐다. 그때 씩씩거리던 투팍에게 문득 좋은 생각이 떠올랐다. 도시화의 부작용을 눈앞에서 보여 주기로 결심한 것이다. 아직 때가 아니었지만, 대충이에게 악당 투팍님의 엄청난 힘을 보여 주고 싶었다. 투팍은 블랙 큐브를 통해 바이러스를 더 많이 날려 보냈다. 바이러스는 도시를 뒤덮으며 멀리 퍼져 나갔다. 잠시 기다리던 투팍은 대충이를 돌아보았다.

"따라와!"

투팍은 대충이를 데리고 빌딩 아래로 내려갔다.

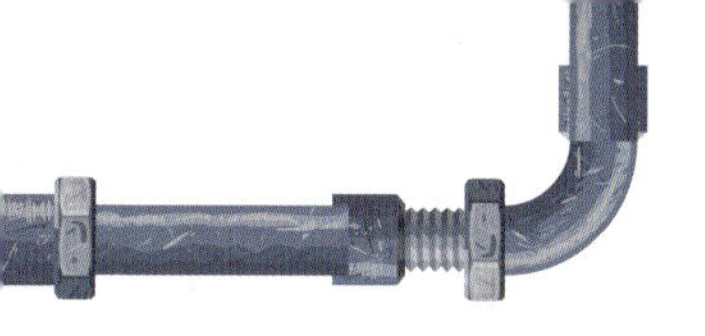

◎◎◎ 회전문을 통해 밖으로 나오니 아까와는 다른 뒤죽박죽인 세상이 펼쳐져 있었다. 먼저 눈에 띄는 것은 거리에 가득 찬 쓰레기였다. 게다가 지나는 사람들은 쓰레기 더미를 발로 뻥뻥 차면서 걷고 있었다. 도로는 아무 데나 주차된 차들과 운행하는 자동차들로 뒤엉켜 있었고, 사람들의 고함과 자동차 경적으로 가득했다. 매연들은 공장과 차에서 마구 쏟아져 나와서 시야를 가렸다. 놀이공원에서 신 나게 놀던 아이들은 목을 감싸고 기침을 하며 괴로워했다. 몇몇 사람이 길을 바쁘게 걸으며 대화하는 소리가 들렸다.

"사람들이 너무 많이 와 버렸어! 집이 너무 부족해!"

"매연 때문에 공기도 최악이야! 아무리 모든 게 공짜라고 해도 이런 도시에서 더는 못 살겠어. 이제 다른 지역으로 가야겠어!"

"어딜 가? 도시 외곽으로 갈 수 없게 커다란 장벽이 생겨 버렸잖아!"

투팍은 도시를 빠져나가지 못하게 막아 버린 것이다.

"크크크, 잘 봤냐? 이게 바로 거대 도시의 부작용이지."

대충이는 말없이 거리의 광경을 보고 있었다. 무척 혼란스러웠다.

'내 생각이 틀린 건가?'

촌락과 도시는
정말 다르군.
하지만 서로에게
필요한 사이지,
우리처럼!

사람들이 도시로 몰려들수록 주택 부족과 교통 혼잡, 환경 오염 등 다양한 문제가 발생한다는 것을 바로 눈앞에서 지켜보고 있었다.

'도시가 무작정 커진다고 다 좋은 건 아니구나.'

대충이의 속마음이라도 읽은 듯 투팍은 자랑스럽게 말했다.

"아호호홍홍! 내 말이 맞지? 이런 도시를 계속 늘려서 지구를 난장판으로 만들어 놓을 테다!"

"그럼 전 시골에서 살 거예요!"

대충이는 자신도 모르게 말이 불쑥 튀어나왔다. 투팍이 얄미워 마음에도 없는 말을 한 것이다. 그러자 투팍이 정색하며 말했다.

"시골에서 산다고? 도시가 이렇다면 촌락은 어떻게 되는지 아느냐? 진작다 없어지고 말아!"

"그건 또 무슨 말이에요?"

악당 투팍이 열정적으로 개념을 가르쳐 주는 어이없는 상황이 벌어졌다. 하지만 대충이가 의기소침해진 모습을 보고 즐거워진 투팍은 정성껏 설명해 주기 시작했다.

"사람들이 다들 도시로 몰린다면 촌락의 인구가 줄어들어 일손이 부족하게 되겠지? 사람들이 없으니 교통과 문화 시설도 지을 필요가 없어질 거야. 그것이 없으면 생활이 불편해지겠지? 그럼 인구 이동은 더욱 빨라질 거고 결국 촌락이라는 단어는 역사 속에서 사라지고 말거야! 그럼 도시 사람들의 먹을거리는 누가 생산할까?"

그 말을 듣자 대충이는 집에서 벌어졌던 소동이 떠올랐다. 바로 투팍이

다녀간 직후 겪었던 상황이었다.

농촌, 어촌, 산지촌이 모두 사라지고, 공장만 잔뜩 들어서서 알약만 먹고, 사랑스러운 장수풍뎅이 딩딩이도 없는 세상을 생각하니 덜컥 겁이 났다. 부모님이 어릴 적에는 물을 사 먹는다는 것은 상상도 못했던 일이었다고 했는데 지금은 다들 사 먹고 있지 않은가? 알약만으로 식사하는 일도 정말 현실이 될지 모른다!

'그래, 촌락과 도시는 서로 도와주며 더불어 지내야 하는 거였어.'

대충이가 마음속으로 생각하자 머릿속으로는 개념이 빠르게 입력되었다. 희한하게 악당 투팍 덕분에 대충이가 개념을 익히고 필요성을 느낀 것이다. 대충이에게 개념이 조금 돌아오자 투팍이 들고 있던 큐브의 한쪽 면에서 윙윙 소리가 나며 밝은 빛이 번쩍 들어왔다. 하지만 그것을 눈치챈 사람도 그리고 악당도 아무도 없었다.

S.O.S 대충이
구하기 프로젝트

◎◎◎ 아작과 메타는 아직도 도시를 헤매고 있었다. 두 요원은 무척 혼란스러웠다. 투팍을 찾아야 하는 것도 모자라 맨홀 속으로 갑자기 사라져 버린 대충이도 찾아야 했기 때문이다. 맨홀 안으로 급히 쫓아 내려갔지만 복잡하게 꼬인 통로 때문에 어떤 흔적도 찾을 수 없었다. 개념 큐브를 찾으러 왔다가 오히려 개념 큐브의 주인까지 잃어버린 것이다. 안드로메다 특수 요원에게는 부끄러움 그 자체였다.

“이게 다 너 때문이야. 괜히 대충이를 가만있으라고 해서!”

메타는 아작을 탓하며 투덜거렸다.

“내가 이렇게 될 줄 알았냐?”

“아무튼 내가 보고서에 다 적어 둘 거야! 국왕님한테 혼 좀 나 보라고!”

“의리 없는 녀석 같으니! 맘대로 해!”

아작은 툴툴거리며 도로에 깔린 맨홀 뚜껑을 하나씩 열어보았다.

“대충아! 대충아!”

큰 소리로 외쳤지만 맨홀 아래서 돌아오는 건 ‘대충아!’라고 들리는 메아리뿐이었다.

“여기도 없네! 투팍 이 악당은 어디에 숨었기에 안 보이냐? 그리고 이 도시의 지하 공간은 도대체 얼마나 넓게 연결되어 있는 거야?”

그때 메타가 자신의 이마를 탁 쳤다.

“아, 우리가 잊고 있는 게 있었어!”

“응?”

“투팍이 으슥한 곳에서 음모를 꾸몄을 거라는 게 처음부터 잘못된 판단 같아. 오히려 허를 찌르기 위해 공개된 곳에서 일을 꾸미고 있을지도 몰라. 바로 중심지 같은 곳!”

“중심지? 중심지는 여러 곳이 있잖아? 경제? 교통? 교육? 행정? 문화? 그 가운데 어느 중심지?”

아작이 손가락으로 하나씩 꼽으며 말했다.

“급하게 만든 도시니 다른 중심지는 만들어지지 않았을 테고, 가장 가능성이 높은 곳은 바로 저기지! 경제 중심지가 될 수 있는 곳.”

메타가 손가락으로 가리킨 곳에는 황금색으로 빛나는 101층 빌딩이 서

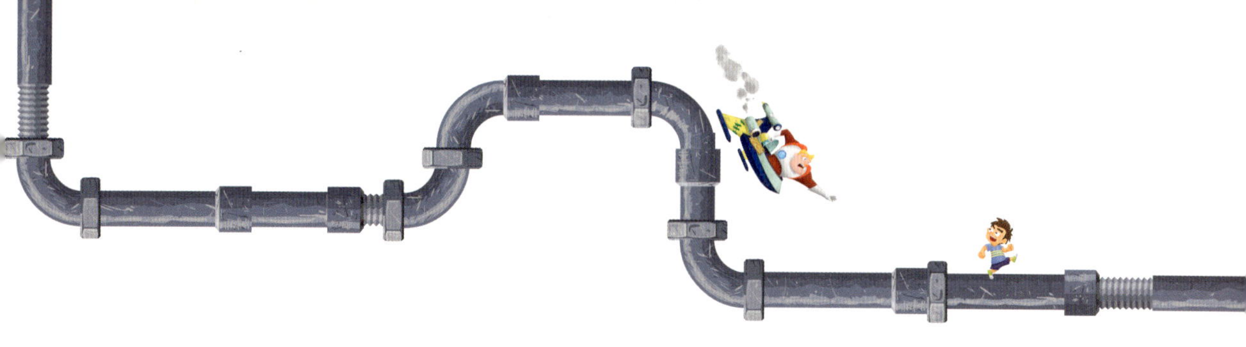

있었다.

"저곳에 대충이가 잡혀 있을까?"

아작이 메타에게 확인하듯 물었다.

"그건 가 봐야 알겠지!"

"대충아 기다려라! 이 아작님이 투팍을 아작 내러 간다!"

아작은 큰 소리를 외치며 눈가를 스윽 닦았다. 메타가 그 모습을 보고 놀리듯 말했다.

"너 지금 우냐? 설마 대충이가 보고 싶어서 그래?"

"그런 무개념 녀석을 누가 보고 싶다고 그래!"

그러면서도 아작은 마음속으로 대충이를 생각하고 있었다.

'미운 정도 정이라고……. 조금은 보고 싶구나!'

아작이 어울리지 않게 대충이를 그리워하고 있을 때 거리가 갑자기 혼란스러워지기 시작했다. 보이지 않던 쓰레기가 눈 깜빡할 사이에 도로에 쌓이고, 뒤엉킨 자동차들이 도로를 가득 메우기 시작했다. 그리고 메케한 매연과 지독한 냄새가 코를 찔렀다.

"이게 어떻게 된 일이야?"

두 요원은 모르고 있었다. 그 시각, 투팍이 대충이에게 도시화의 부작용을 보여 주려고 바이러스를 뿌리고 있다는 것을!

"투팍, 이 녀석이 결국 도시를 망치려나 봐!"

"이미 들어와 있는 사람들은? 이곳에 있는 한 그 사람들에게는 여기가 현실이야!"

아작과 메타는 심각한 표정으로 서로 마주 보았다. 대충이뿐만 아니라 이 도시에 들어와 있는 많은 사람들이 도시를 쥐락펴락하는 투팍의 변덕에 자칫 희생될 수 있었다.

"빨리 가야 해!"

두 요원은 101층 빌딩으로 가기 위해 자동차를 얻어 타려 했지만, 꽉 막힌 도로에서는 차가 달릴 수 없었다. 그때 아작의 눈에 한 교통수단이 들어왔다. 아작은 메타를 툭 치더니 그걸 가리키며 물었다.

"저건 어때?"

◎◎◎ 대충이는 투팍 옆에서 도시가 계속 변하는 모습을 바라보았다. 살아 있는 괴물이 번식하듯 도시는 점점 더 끔찍한 모습으로 바뀌어 갔다.

"이제 어떻게 할 거예요?"

대충이가 음침한 미소를 짓고 있는 투팍에게 물었다.

"뭘 어떻게 해? 지금 도시 저편 공장에서 블랙 큐브를 만들고 있어. 빈 큐브가 만들어지면 이곳에 들어와 있는 아이들의 개념을 받아 내야지!"

"그러고는요?"

"이 도시의 아이들이 버린 개념을 큐브에 담아 다 모으는 즉시 이곳을 나가서 다른 아이들을 찾아 나서야지."

"그럼 이 도시는 어떻게 되는 거예요?"

"모르지! 바이러스의 생명력이 다하면 도시가 사라질지 아니면 살아남을지……. 하지만 결국 사라지지 않겠니?"

"그럼 지금 도시 안에 들어와 있는 사람들은 어떻게 돼요?"

"촌락이 사라질 때와 같이 그냥 현재 위치에 남던지, 아니면 도시와 함께 어디론가 사라지겠지!"

“헉! 그렇게 무책임한 말이 어디 있어요?”

“너, 지금 나한테 도대체 뭘 바라는 거냐? 잊고 있나 본데, 난 우주 최강 악당 투팍이야. 아호호흥흥!”

투팍의 얄미운 웃음을 들으며 대충이는 고민에 빠졌다. 짧은 인생을 살아오면서 처음으로 심각한 고민을 하는 순간이었다.

‘정신을 똑바로 차려야겠어!’

그때 대충이의 눈에 투팍이 들고 있는 큐브 상자가 보였다. 투팍은 기분 좋게 웃느라 대충이에게 전혀 신경을 쓰지 않았다. 살살 기회를 엿보던 대충이는 큐브를 향해 손을 뻗으며 몸을 날렸다.

“어딜?”

투팍은 큐브 상자를 뒤로 돌리며 슬쩍 몸을 피했다. 대충이의 손은 그만 허공을 가르고 말았다.

“흥! 감히 남의 것을 훔치려 하다니? 너 정말 못된 아이구나!”

대충이는 기가 막혀서 말도 나오지 않았다. 누가 누구의 것을 훔쳤다고? 개념이 없는 건 우주 악당도 마찬가지였다!

“안 되겠다. 너 나한테 혼 좀 나야겠다!”

투팍이 쫄쫄이 소매를 걷어 올리며 다가오더니 대충이를 향해 주먹을 높이 추켜들고 외쳤다.

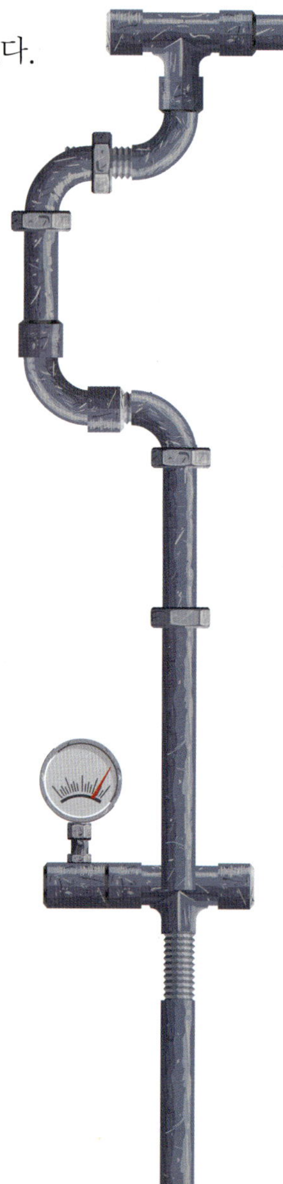

"우주의 주먹 맛을 봐랏!"

그때였다.

삐그덕 삐그덕.

어디선가 제때 기름칠을 하지 않은 기계가 움직이는 듯한 소리가 났다. 대충이는 고개를 돌려 소리 나는 곳을 바라보았다. 뭔가가 빠르게 다가오고 있었다. 안드로메다 요원들이었다. 아작이 그 커다란 몸집으로 조그만 아동용 자전거를 타고 열심히 페달을 구르고 있었다. 그 뒤에는 아작의 허리춤을 살포시 잡은 메타의 모습도 보였다.

"여기예요!"

대충이가 소리치며 불렀다. 두 사람 역시 대충이를 발견하고 환하게 웃으며 손을 흔들었다. 그게 문제였다.

"어어엇!"

쿵!

핸들에서 한 손을 뗀 아작이 중심을 잃고 도로에 그대로 고꾸라졌다. 그 탓에 메타도 나뒹굴었다. 하지만 두 사람은 벌떡 일어나서 대충이를 향해 씩씩하게 뛰어오기 시작했다.

아작의 코에서는 코피가 줄줄 흐르고 있었는데 그것도 모르는 것 같았다.

“아니, 저놈들은?”

투팍은 대충이를 혼내 주려고 걷었던 쫄쫄이 소매를 슬쩍 내렸다. 그리고 슬슬 뒷걸음치기 시작했다.

“거기 서!”

아작이 허리춤에서 조상님의 얼이 담긴 밧줄을 꺼내 머리 위로 휘두르며 소리쳤다. 코피를 줄줄 흘리며 쿵쿵 뛰어오는 모습이 꽤나 위압적이었다.

“아니, 저 녀석들이!”

투팍은 당해 낼 수 없다고 판단했다. 아직은 요원들을 상대할 때가 아니었다. 안드로메다에서 붙잡힐 때 생긴 상처도 채 낫지 않았던 것이다. 투팍은 일단 도망치려고 몸을 돌렸다. 그때 누가 망토를 잡아당겼다. 돌아보니 대충이가 망토를 잡고 늘어지고 있었다.

“망토를 놓거라!”

투팍이 망토를 끌어당겼다. 그러나 대충이는 몸이 질질 끌려갈망정 망토를 놓지 않았다.

“이런 거머리 같은 녀석을 봤나?”

투팍은 대충이의 손을 잡고 강제로 떼어 내려 했다. 그러나 정작 떨어진 것은 상자 안에 있던 대충이의 큐브였다. 둘은 동시에 땅에 떨어진 큐브를 발견했지만, 대충이가 한 발 빨랐다. 재빨리 망토를 놓고 큐브를 잡은 것이다.

"아싸, 내 개념 원구!"

대충이가 큐브를 들고 함박웃음을 지었다.

"그거 내놔!"

투팍이 다급하게 외쳤다. 대충이는 고개를
흔들며 큐브를 뒤로 감췄다.

"망토는 놨잖아요?"

"망토 다시 잡고 그거
줘라!"

투팍이 다급하게 제
안했다. 대충이는 고개를 저으며
큐브를 안고 뒤로 물러서기 시작했다. 투팍은 대충이에게 달려들어 강제로
빼앗으려 했다. 하지만 가까이 다가오는 요원들을 보고 마음을 바꿀 수밖에
없었다. 투팍은 큐브를 포기하고 도망치기 시작했다.

"쳇! 이놈의 망토 때문에!"

투팍은 애꿎은 망토 탓을 하며 가까운 건물 뒤편으로 사라졌다. 헉헉거
리며 달려온 아작과 메타는 투팍을 쫓아가기 시작했다. 시간 차가 거의 없이
건물 뒤쪽으로 돌아갔지만, 투팍은 금세 보이지 않았다.

"이 녀석이 또 어디로 도망친 거야?"

아작이 밧줄을 들고 씩씩거리며 주위를 두리번거렸다.

"우주선을 타고 갔나?"

제 27 회
곤충엑스포

메타가 거친 숨을 몰아쉬며 중얼거렸다. 그때 아작의 발아래 맨홀 뚜껑이 슬쩍 닫혔지만 두 사람 모두 전혀 알아채지 못했다.

두 사람은 대충이 쪽으로 터덜터덜 걸어갔다. 바로 눈앞에서 또다시 투팍을 놓치니 허탈했다. 하지만 대충이의 얼굴을 보니 반가움이 앞섰다. 아작이 조금은 민망한 듯 미소를 지으며 대충이에게 손을 내밀었다.

"혼자 내버려 둬서 미안하다!"

대충이도 씩 웃으며 아작의 손을 잡았다.

"구하러 와 줘서 고마워요!"

메타는 흐뭇하게 둘을 바라보았다. 그리고 대충이에게 물었다.

"이곳에서 도대체 무슨 일이 있었던 거니?"

"개념 공부를 했어요!"

뜻밖의 대답에 메타가 고개를 갸웃거렸다.

"무슨 개념 공부?"

"「도시와 촌락」에 관해서 다시 한 번 생각하게 됐어요. 서로 도와주면서 발전하는 관계라는 것도요. 모두 다 우주 악당 투팍 덕분이죠!"

대충이가 재밌다는 듯 미소를 지으며 말했다.

"그 녀석이 그렇게 좋은 일을 했다고?"

아작이 믿기지 않는다는 듯 되물었다.

"네. 어쩌다 보니 그렇게 됐어요. 투팍도 의도한 것은 아닌 거 같지만요. 헤헤!"

"도대체 나는 무슨 말인지 모르겠다!"

아작이 뒤통수를 긁적거렸다. 그때였다. 대충이가 들고 있던 큐브가 부르르 떨리더니 윙윙 소리를 내기 시작했다.

"큐브가 반응하기 시작했어!"

메타가 다급하게 외쳤다. 동시에 큐브의 사면에 빨간색과 노란색 빛이 번갈아 가며 들어오기 시작했다.

"이게 어떻게 된 거예요? 이거 계속 들고 있어도 괜찮아요?"

대충이가 진동 때문에 손을 부르르 떨며 물었다.

"괜찮을 거다. 네가 개념의 중요성을 깨달아서 개념 원구가 반응하는

거야!”

점점 더 빠르게 큐브의 색이 바뀌고 있었다. 급기야 무지갯빛이 번갈아 들어오기 시작했다. 그와 동시에 주변의 모습이 다시 바뀌기 시작했다.

“도시가 사라지고 있어!”

아작이 흥분해서 외쳤다. 주위를 감싸던 빌딩과 도로 등이 하나씩 사라지고 있었다. 자동차에 타고 있던 사람들은 갑자기 사라진 자동차 때문에 앉았던 자세 그대로 도로에 엉덩방아를 찧었다. 사라지는 건물 안에 있던 사람들은 땅으로 두둥실 내려왔다. 놀이공원에서 놀이 기구를 타던 아이들도 안전 바를 잡은 모습 그대로 땅에 앉아 있었다. 모두 어리둥절한 표정이었다.

“이게 어떻게 된 거야?”

“내 차는 어디 갔어? 꿈이었나?”

모든 게 다 사라지자 사람들은 우왕좌왕했다.

"개념 바이러스로 만들어진 것들이 사라지고 있어!"

메타가 중얼거렸다.

"이 안의 사람들은 괜찮은 건가요?"

대충이는 걱정스러웠다. 도시가 사라지면 사람들이 어찌 될지 모른다고 투팍이 말했던 기억이 났기 때문이다.

"돌아가는 상황을 보니 사람들은 안전한 것 같아."

"후유."

메타의 말에 비로소 안심을 한 대충이는 개념 큐브를 바라보았다. 큐브는 이제 완연히 무지개 색으로 바뀌어 찬란하게 빛을 내고 있었다. 그 빛이 강해질수록 거대했던 도시는 점점 잿빛으로 바뀌며 조용히 사라져 갔다. 잠시 후 대충이와 요원들 그리고 도시에 있던 수많은 사람들만 남았다.

'촌락은 돌아오지 못하고 황무지가 되는 건가……'

대충이의 생각에 답이라도 하듯 요란한 음악 소리가 울려 퍼졌다. 앞쪽을 본 일행은 다시 한 번 놀랐다. 무대 위에서는 엑스포가 진행 중이었던 것이다. 촌락의 지역 축제 현장으로 되돌아온 것이다.

"흠흠, 모든 것이 깔끔하게 정리되었군. 이제 큐브 안의 개념만 네 머릿속으로 다시 들어가면 된단다!"

메타가 웃으며 말했다.

"에이, 어떻게 머릿속으로 들어가요? 내가 다시 공부하면 몰라도!"

대충이가 말도 안 된다는 듯 따지는 순간, 사각형 큐브의 뚜껑이 탁 하고

열렸다. 그러고는 그 안에서 동그란 무지갯빛 원구가 날아오르더니 다
짜고짜 대충이의 입안을 향해 돌진했다. 아작과 메타는 그 모습을 흐뭇
하게 지켜보았다.

"읍읍!"

졸지에 개념을 먹은 대충이는 입을 우물거렸다. 그러더니 눈을 왕방
울만 하게 뜨고 소리쳤다.

"우와, 맛있어요. 정말 맛있어요! 지금까지 먹어 본 것 중에 가장 맛있어
요!"

흥분해서 외치는 대충이를 보며 아작과 메타는 손뼉을 마주쳤다.

중심지

어떤 일이나 활동의 중심이 되어 사람들이 많이 모이는 곳으로, 필요한 것을 구하거나 이용하기가 쉽다. 경제 중심지, 교통 중심지, 교육 및 행정 중심지, 여가와 문화생활 중심지 등으로 나눌 수 있다.

교육 및 행정 중심지

교육 시설과 주민 생활을 도와주는 공공 기관이 있는 곳으로 학교, 학원, 시청 등을 볼 수 있다.

경제 중심지

생활에 필요한 의식주와 관련된 것을 구할 수 있으며 재래시장, 백화점, 대형 마트 등이 있다.

교통 중심지

다른 고장으로 이동하거나 물건을 운반하기 편한 곳으로 기차역, 버스 터미널 등을 볼 수 있다.

여가와 문화생활 중심지

고장 사람들이 다양한 문화생활을 할 수 있게 도와주는 곳으로 공연장, 체육관, 문화 센터, 공원 등을 말한다.

도시

주민 대부분이 공장이나 사무실 등에서 제품을 생산하거나 여러 가지 서비스 일을 하는 지역을 가리킨다. 사람들이 많아 고층 건물이 많고 상가가 발달하였다. 또한 사람과 물자의 이동이 많아 교통이 함께 발달한다.

도시와 촌락의 관계

도시에서는 주로 인문환경의 영향을 받은 생활 모습이 나타나며, 촌락은 주로 자연환경의 영향을 받은 생활 모습이 나타난다. 산업과 도시가 발달하면서 촌락의 인구가 도시로 대거 이동하는 현상이 나타나면서 도시와 촌락은 각각 도시 문제와 촌락 문제를 안게 되었다. 촌락과 도시는 서로 도움을 주고받으며 각자의 문제를 해결하고 공동의 노력으로 발전을 추구하고 있다.

4장
교통수단은 필요없다고!

◎◎◎ "왜 이리 시동이 안 걸려? 에잇, 이런 고물 우주선!"

아작이 우주선의 조종석을 탕탕 내려쳤다.

"하하! 그렇게 해서 부서지겠어? 조금 더 세게 쳐야지."

코코아를 홀짝홀짝 마시며 메타가 옆에서 살살 부추겼다.

"놀리지 마! 이번 일 마치면 국왕님한테 보너스 받아서 우주선을 바꾸고 말겠어! 폼 안 나게 특수 요원의 우주선이 이게 뭐냐고!"

아작은 답답한 듯 발을 쾅 굴렀다. 그러자 웅웅웅 거리며 시동이 덜컥 걸렸다.

"엥? 이게 무슨 일이야?"

황당한 표정의 아작과는 달리 메타는 실실 웃으며 말했다.

"우아, 발길질 한방에 시동이 걸리다니? 이거야 말로 최첨단 기능인걸. 앞으로 몇 백 년 더 타도 끄떡없겠다!"

"내가 우주선 만년 타기 운동본부장이야? 지구 사람들이 우리 우주선을 보면 고물

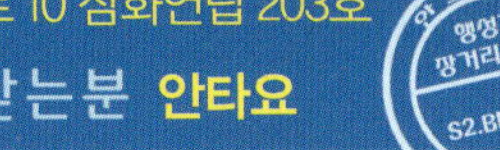

UFO라고 손가락질할 거 아니야? 아휴 창피해.”

“그러니까 안 들키게 빨리 날아다니면 되잖아? 쉭쉭.”

“이 우주선으로 잘도 빨리 날겠다! 다음 배송지가 어딘지나 말해 봐!”

아작의 말에 메타는 우주선 뒤쪽에 잔뜩 쌓인 택배 상자를 뒤적거렸다.

“이번에는 어떤 개념을 안드로메다에 보냈을까?”라고 중얼거리며 메타
는 한 택배 상자를 골랐다.

“이 친구는 「교통과 의사소통」이라는 개념을 보냈군.”

아작이 내비게이션을 작동시키며 툴툴거렸다.

“이번에는 어떤 녀석인지 벌써부터 걱정 되는군!”

“흠흠, 어쨌든 가 보자고! 설마 대충이 같이 무개념은 아니겠지!”

푸른 바다를 지나 제주도가 가까워지면서 말이 뛰어 노는 초원도 눈에 띄었다. 우주선은 털털거리며 목적지에 다가가 있었다. 제주시의 주택 밀집 지역에 들어선 아작과 메타는 오밀조밀 들어선 집들 사이를 헤매다가 마침내 안타요의 집 앞에 멈춰 섰다. 메타가 걱정스런 표정으로 아작을 바라보았다.

"이번에는 우리가 환영받을 수 있을까?"

"일단 부딪혀 보자고!"

아작이 다짜고짜 벨을 눌렀다.

"누구세요?"

안에서 여자아이의 목소리가 들려왔다.

"개념 배달 왔어요!"

메타가 큰 소리로 외쳤다.

"개념이요?"

현관 안쪽에서 인기척이 나더니 햇볕에 그을린 까만 피부에 똘똘하게 생긴 여자아이가 머리를 조심스레 내밀었다.

"그래. 네가 안드로메다로 보낸 「교통과 의사소통」 개념 말이야. 우리가 다시 가지고 왔지."

자신의 험악한 인상을 보고 놀랄까 봐 아작은 최대한 친절한 얼굴을 하고 말했다. 아작의 말에 타요는 믿기지 않는다는 표정으로 두 사람을 보았다.

"그 개념을 다시 돌려준다고요?"

"다시 돌려준다니까 반갑지? 반송비도 무료야. 하하!"

아작이 호탕하게 웃으며 말했다. 이번 여자아이는 대충이와 달리 이해력도 빠르고 고분고분할 것 같았다. 하지만 아작의 기대와는 달리 타요의 표정은 점점 차갑게 굳어지고 있었다. 그러더니 소리를 빽 질렀다.

"그런 것을 누가 다시 받고 싶댔어요? 왜 쓸데없는 일을 하세요?"

갑작스런 큰 소리에 아작과 메타는 어안이 벙벙했다. 허를 찔린 아작의 얼굴이 조금씩 붉은 신호등으로 변하고 있었다. 먼저 정신을 차린 메타가 진지한 표정으로 말했다.

"이건 네가 싫다고 안 받을 수 있는 그런 게 아니야. 무조건 받아야 해!"

"왜요? 내가 받기 싫다는데요!"

타요는 당돌한 표정으로 되물었다.

"왜냐하면 말이지……."

메타는 자신들이 지구로 온 이유와 대충이의 개념 원구를 가로챈 우주 악당 투팍의 이야기를 조곤조곤 해 주었다.

"그러니까 내가 개념을 받아서 탑재하지 않으면 지구가 위험에 빠진다는 건가요? 악당이 개념들을 모아 무서운 음모를 꾸밀 수도 있고요?"

메타가 고개를 끄덕였다. 역시 똑 부러지는 아이였다. 타요는 손을 내밀었다.

"그럼 제 개념 큐브를 줘 보세요."

의외로 일이 술술 잘 풀리는 것으로 보였다. 지구 아이들이 안타요처럼 이해력이 빠르면 개념 배달이 순조롭게 진행될 것만 같았다. 메타가 상자에서 화이트 큐브를 꺼내 안타요의 손에 놓아 주었다. 타요는 큐브를 돌려가며 살펴보았다.

"그러니까 내가 이걸 지니고 개념을 다시 몇 가지 떠올리면, 이 큐브 안에 있는 개념 원구가 주인인 나와 마음이 통하게 되고 무지개 색으로 한 면씩 빛난다는 거죠? 그리고 사면이 모두 빛날 때 제가 큐브 안의 개념 원구를 먹으면 제 개념을 안전하게 지킬 수 있다는 거고요?"

“야, 정말 똑똑하네. 먹는 것만 찾고 말 많던 대충이와는 완전히 다른데?”

아작이 감탄하듯 말했다. 붉어졌던 아작의 얼굴도 빠른 속도로 제 얼굴빛으로 돌아오고 있었다.

“알았어요. 제가 잘 가지고 있으면서 개념을 다시 떠올려 볼게요!”

타요는 입술을 야무지게 다물며 말했다. 아작과 메타는 서로 마주보았다. 피식 절로 웃음이 나왔다.

‘이렇게 손쉽게 개념을 돌려주다니!’

두 요원은 같은 생각이었다. 표정 관리를 하며 메타는 타요에게 몇 가지 주의할 점을 알려주었다.

“큐브를 전달받고 일주일 안에 개념을 찾아야 해. 그리고 개념이 완전히 네 것이 되기 전에 얼굴이 길고 이상하게 웃는 우주 악당이 와서 큐브를 빼앗으려 할 수 있어. 하지만 절대 빼앗기면 안 된다. 혹시 그런 상황이 온다면 ‘안드로메다 도와줘!’라고 외쳐라!”

타요는 고개를 끄덕이며 대답했다.

“걱정 마세요. 악당에게 절대 빼앗기지 않을 거예요!”

똑똑한 표정으로 말하는 타요를 보며 메타와 아작은 만족스런 웃음을 지었다. 그러나 두 요원은 타요가 속으로 중얼거리는 소리는 듣지 못했다.

‘그냥 악당에게 줄 거예요.’

그런 타요의 속마음을 모르고 요원들은 신 나게 웃으며 타요의 집을 떠났다.

◎◎◎ 요원들이 떠나는 것을 보고 집으로 들어온 타요는 안방으로 향했다. 안방의 침대에는 타요의 아빠가 누워 있었다. 아빠가 타요를 보면서 물었다.

"누가 왔었니?"

"몰라요! 궁금하면 아빠가 직접 나가 보세요!"

타요는 퉁명스레 말했다. 버릇없이 말하는 딸을 혼내기는커녕 아빠는 오히려 미안한 표정으로 바라보았다. 아빠의 한쪽 팔과 다리에는 깁스가 되어 있었고 머리 위에는 약 봉투가 수북했다. 침대에 다가가 약 봉투를 하나씩 살펴본 타요는 봉투 하나가 빈 것을 확인했다.

"이 약은 다 떨어졌잖아요. 왜 말 안하셨어요?"

아빠가 미안한 얼굴로 답했다.

"네가 또 약국에 다녀와야 하니까……. 약국도 멀고."

"치, 누가 제 생각해 달래요!"

타요는 빈 약 봉투를 손으로 구겨 쥐며 자리에서 일어났다. 바람이 심하게 불었다. 타요는 옷깃을 추스르며 종종 걸음으로 약국으로 향했다. 주머니에 넣어 둔 큐브를 꺼내 보았다. 겉보기엔 그저 흰색 상자였다.

'이 큐브가 금덩어리였으면 얼마나 좋을까?'

터무니없는 상상이었다. 하지만 지금 타요의 집엔 그만큼 돈이 간절히 필요했다. 직업이 항해사인 아빠는 오랜 기간 실직 중이었다. 그러던 중 새로 취항하는 여객선에 취직되어 다시 일하기로 했었다.

하지만 첫 출근을 앞두고 갑작스런 교통사고를 당해 병석에 누웠다. 그게 벌써 두 달째였다. 다리뼈가 부러지고 내장 기관도 손상을 입은 큰 사고였다.

하지만 병원에서 기본적인 치료밖에 하지 못하고 일단 퇴원할 수밖에 없었다. 사고를 일으킨 운전자가 뺑소니를 쳤기 때문이었다. 경찰에서 수사했지만 아직도 도망간 차를 찾지 못하고 있었다. 그렇다고 타요네 집이 여유가 있어서 병원에서 치료받을 상황도 아니었다.

그래서 급한 치료만 받고 집에서 요양을 하면서 통원 치료를 하기로 한 것이다. 아빠가 병석에 누워 있으니 치료비뿐만 아니라 생활비도 문제였다. 엄마가 급한 대로 일을 하러 나가서 돈을 벌긴 하지만 필요한 돈에 비해 터무니없었다. 아빠가 새 직장에서 첫 월급을 받으면 피아노도 사 준다고 했었는데 지금은 말도 못 꺼내고 있었다. 답답한 마음에 타요는 사고를 당한 아빠에게 퉁명스럽게 대하고 있었다.

빵빵!

요란한 경적이 울렸다. 타요는 본능적으로 옆으로 비켜섰다. 좁은 골목임에도 자동차가 쌩하고 빨리 달려갔다.

'저런 차들 정말 싫어!'

타요의 눈에는 자동차가 괴물로 보였다. 아빠가 다친 뒤로는 어떤 차도 타지 않았다. 교통수단을 이용한 지 정말 오랜 시간이 흘렀다. 거리가 먼 곳은 아예 갈 생각도 하지 않았다.

"사람을 다치게 하는 자동차가 무슨 필요가 있어? 다들 튼튼한 두 다리를 가지고 있으니 걸어 다니면 되잖아!"

자동차 같은 여러 가지 쓸데없는 교통수단을 만드는 바람에 아빠가 사고를 당한 것이라고 생각했다.

그래서 어느 날 밤에 '그런 개념 따위는 안드로메다에 보내 버릴 거야!'라고 외쳤다. 정말 안드로메다까지 갔을 거라고 생각하진 않았지만, 그 후 머리 한 구석이 신기하게 가벼워진 느낌이 들었다. 오늘에서야 알았지만, 그게 바로 안드로메다로 보낸 효과였던 것이다.

"그러니 개념 같은 건 내게 돌아오지 않아도 된다고!"

타요는 자신도 모르게 중얼거렸다. 그때였다.

"무슨 고민 있니? 내가 도와줄까?"

갑작스레 들려온 소리에 타요는 고개를 들어 주위를 두리번거렸다.

쫄쫄이에 검은 망토를 걸친 사람이 주차되어 있는 자동차 보닛 위에 가부좌를 틀고 앉아 있었다. 이해할 수 없는 묘한 패션만으로도 알 수 있었다. 눈앞의 이 사람 아니, 외계인이 안드로메다 요원들이 말한 그 우주의 악당이라는 사실을!

"어떻게 해 주실 건데요?"

타요는 턱을 들고 도도하게 물었다.

"어라, 내가 누군지 알고 있는 거냐?"

"조금요!"

타요는 고개를 끄덕였다. 그 대답에 투팍이 반색했다.

"아싸, 내가 지구에서도 슬슬 이름이 알려지고 있나 보네? 이러다 클립톤 행성의 슈퍼맨처럼 영화에 캐스팅되는 거 아냐? 슈퍼 히어로 투팍맨? 사인 먼저 준비해야 하나?"

혼자 오버 하는 투팍을 보며 타요는 코웃음을 치며 말했다.

"영화에 나오면 아저씨는 죽어요. 악당들은 항상 끝에 죽거든요. 딱 보기에도 잘 죽게 생겼네요."

"그거 칭찬이냐?"

"마음대로 생각하시고요. 큐브를 주면 어떻게 해 줄 거냐고요."

"호, 내가 큐브 가지러 온 것도 알고 있네? 특별히 바라는 것이 있나?"

투팍의 제의에 잠시 생각하던 타요는 결심한 듯 또박또박 말했다.

"모두 없애 주세요."

"뭐를?"

타요는 손가락으로 투팍을 가리켰다. 투팍은 당황하며 되물었다.

"뭐? 나를 없애 달라고?"

그 말에 타요는 고개를 저었다.

"그 엉덩이로 깔고 앉은 자동차요! 자동차뿐만 아니라 지금 이 도시에 다니고 있는 교통수단을 모두 없애 주세요!"

"정말이냐? 교통수단이 없어지면 어찌 될지 알고 있냐?"

"관심 없어요! 그래서 교통 개념도 버렸잖아요!"

"아차!"

투팍은 깜빡 잊었다는 듯 자기 머리를 탁 치며 다시 물었다.

"그럼 너도 걸어 다녀야 할 텐데?"

"그것도 상관없어요. 전 어차피 걸어 다니니까요!"

아빠를 다치게 한 차들이 도로에 없다면 정말 행복할 것 같았다. 투팍은 타요의 얼굴을 보며 손을 내밀었다.

"그럼 그 큐브를 다오. 네가 사는 이 도시의 교통수단을 다 멈춰 주마! 자동차, 배, 비행기까지 엔진 있는 것은 하나도 남김없이 말이다!"

타요는 큐브를 꺼내 잠시 바라보다 투팍에게 내밀었다. 투팍은 벌벌 떨리는 손으로 큐브를 받았다.

"왜 그리 손을 떨어요?"

타요가 이상하다는 듯 물었다.

"아, 큐브를 받으려고 하면 이상하게 손이 떨리네!"

투팍은 민망한 미소를 지으며 화이트 큐브에서 개념 원구를 빼내 블랙 큐브에 옮겨 담았다.

"빨리 차들이나 없애 주세요!"

타요가 재촉했다. 투팍과 대화하는 가운데에도 옆으로는 자동차와 트럭, 배달 오토바이 등이 휙휙 지나다니고 있었다. 타요가 보기엔 그것들은 날카로운 칼보다 더 무서운 흉기였다.

"왜 이리 서둘러?"

못된 짓만 하며 지내온 세월이 말해 주듯 욕을 얻어 먹으며 바이러스를 퍼트려야 제맛인데 독촉 받으며 하자니 왠지 흥이 나지 않았다. 투팍은 곁눈질로 타요를 슬쩍 보았다. 기대에 가득 찬 눈빛을 하고 있었다. 어쩐지 이 아이를 위해 자원봉사를 하는 기분도 살짝 들었다.

'그건 악당의 본질이 아니지…….'

투팍은 앉아 있던 보닛에서 내려오더니 블랙 큐브를 손바닥 위에 올려 두고 제안했다.

"자, 이걸 뺏어 봐!"

"네?"

타요가 의아한 얼굴로 투팍을 보았다.

"「큐브는 내 거야!」 하고 크게 외치면서 빼앗아 보라고!"

"왜요? 그냥 가져도 된다니까요!"

"아무래도 흥이 안 나서 그래. 좀 해 줘!"

타요는 황당한 얼굴로 투팍을 바라봤다. 투팍은 간절히 애원하는 눈빛으로 타요를 보고 있었다. 금방이라도 눈물을 뚝뚝 흘릴 것 같았다. 좀 징그러웠다.

'이건 뭐 청순가련 악당도 아니고…….'

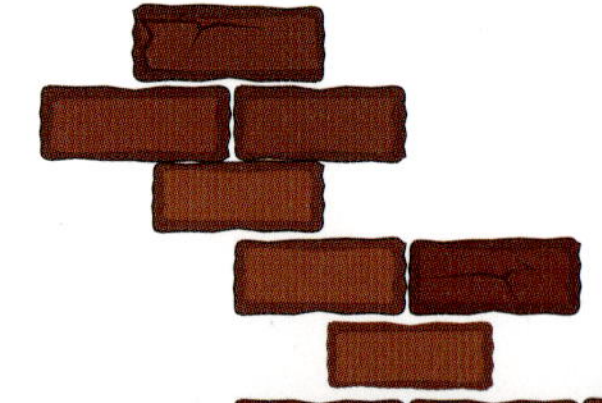

그래도 자동차만 없앨 수 있다면 그까짓 시늉은 얼마든지 해 줄 수 있었다. 타요는 재빨리 손을 내밀어 투팍의 손바닥에 있던 큐브를 빼앗는 시늉을 했다.

"큐브는 내 거얏! 돌려 줘!"

투팍은 타요의 손길을 피해 큐브를 뒤로 숨기며 미친 듯이 웃음을 터뜨렸다.

"아호호홍아호홍! 어림없다! 개념 바이러스나 받아랏!"

투팍은 마치 뮤지컬의 주인공처럼 과장되게 소리쳤다.

'정말 못 봐 주겠네!'

타요는 너무 어이가 없어서 웃음도 나오지 않았다. 그래도 분위기를 맞춰 주려고 한 번 더 소리쳤다.

"이 못된 악당아, 너희 별로 꺼져!"

"넌 정말 나쁜 아이구나! 각오해라!"

투팍은 타요를 노려보며 블랙 큐브를 어루만졌다. 큐브에서 바이러스가 안개처럼 뿜어져 나오며 거리로 퍼져 나가기 시작했다. 도로를 빠르게 달리던 흰색 자동차에 바이러스가 닿자 푸드득 하더니 시동이 꺼지며 멈춰 섰다.

"어? 차가 왜 이래?"

당황한 운전자는 시동을 다시 걸려고 했지만 시동을 거는 소리만 나고 헛돌 뿐이었다. 그 사이에도 바이러스는 도로를 달리던 차들을 멈추게 하고 계속 퍼져 나갔다.

두두두두두두–

요란한 굉음을 내며 짜장면 배달을 가던 배달원의 오토바이에 바이러스가 닿았다. 엔진이 꺼진 오토바이가 힘없이 우당탕탕 넘어졌다. 배달통에서 짜장면이 쏟아져 나와 쓰러진 배달원의 몸을 덮쳤다.

"으악, 이거 왜 이래?"

졸지에 짜장과 면발을 뒤집어 쓴 배달원의 얼굴이 코미디언처럼 구겨졌다. 그건 짜장면 배달원에게만 닥친 상황이 아니었다. 바이러스가 도시를 덮어 갈수록 도시의 교통수단이 점차 마비되고 있었다.

"아호호홍홍홍! 이제 이 도시를 오갈 수 있는 교통수단은 아무것도 없을 것이다! 아호호홍홍!"

투팍은 괴상한 웃음소리로 한참을 웃어댔다. 도로를 달리던 차들이 하나둘씩 멈춰 서는 것을 지켜보던 타요는 깜짝 놀랐다. 개념 바이러스의 위력이 이 정도일 줄은 몰랐던 것이다. 하지만 한편으론 행복한 기분마저 들었다.

'이제 아무도 우리 아빠 같은 교통사고를 당하지 않을 거야! 난 옳은 일을 한 거야!'

그런 타요의 마음을 읽은 듯 투팍이 물었다.

"자, 네가 원한 게 바로 이런 세상이냐?"

타요는 고개를 끄덕였다. 쇠로 만든 기계 덩어리가 아닌 사람이 두 다리로 직접 움직여서 이동하는 세상. 이게 진짜 사람이 사는 세상이었다. 투팍도 나름대로 새로 알게 된 것이 있었다. 교통수단이 사라지니 정상적인 도시 기능이 마비된다는 점이었다.

움직이지 않는 차 안에서 사람들이 우르르 나오고, 당장 목적지에 어떻게 가야 할지 모르는 사람들이 거리에서 우왕좌왕하고 있었다. 제주도 밖으로 가는 비행기도 뜨지 못해서 제주 국제 공항도 난리였다. 바다를 오가는 배도 마찬가지였다. 세상의 교통수단을 모두 소용없게 만들어 버리면 지구를 엄청난 혼란에 빠뜨릴 수 있을 것 같았다.

'오, 이거 정말 좋은데? 큐브를 더 많이 모아야겠어!'

투팍은 고개를 돌려 타요에게 물었다.

"네 친구 중엔 개념을 없애 버리고 싶어 하는 친구는 없냐?"

"모르겠어요. 왜 그러는데요?"

"이왕 이렇게 된 거 지구의 모든 교통수단을 멈추도록 하는 게 좋을 것 같아서!"

"정말요?"

타요는 대환영이었다. 당장 학교로 가서 친구들에게 물어봐야 하나? 머릿속이 복잡해졌다.

"나중에라도 생각나면 소개해 주렴. 그리고 가기 전에 확실히 할 것이 있는데……. 이건 네가 원해서 준 거다! 맞지?"

타요는 곧바로 고개를 끄덕였다.

"대충이란 녀석처럼 나중에 돌려 달라고 쫓아오면 안 돼!"

망토를 끝까지 붙잡고 늘어지던 그 뻔뻔한 녀석을 떠올리니 입맛이 썼다. 작전이 실패한 것도 기분 나빴지만, 우주 장인이 한 땀 한 땀 만든 비싼 망토의 올이 나가버린 게 더 아까웠던 것이다.

'빨리 지구를 망하게 하고 망토 수선이나 받으러 가야지! 아니, 아예 반품해 버릴까?'

그러기 위해서는 빨리 개념 원구를 더 확보해서 바이러스의 위력을 강하게 만들어야 했다.

"그럼 난 간다!"

투팍은 올이 나간 망토를 휘날리며 타요 앞에서 뿅 사라졌다. 투팍이 떠나자 타요도 집으로 향했다. 도로와 골목에 멈춰 선 자동차들을 구경하며 가는 기분이 쏠쏠했다. 괜스레 발걸음도 가벼워진 것 같았다.

◎◎◎ 집에 도착한 타요는 안방으로 달려갔다. 보기 싫었던 자동차들이 모두 멈췄다고 빨리 말해 주고 싶었다.

"아빠!"

큰 소리로 부르며 안방 문을 열었다. 하지만 아빠는 아무런 반응이 없었다. 타요는 천천히 다가갔다. 아무래도 아빠가 이상했다. 타요는 아빠의 몸을 흔들며 불렀다.

"아빠, 일어나 봐! 아빠!"

하지만 아빠는 작은 신음 소리만 낼 뿐 눈도 못 뜨고 아무 말도 못하고 있었다. 몸은 아주 뜨거웠고, 식은땀이 줄줄 흐르고 있었다. 타요의 얼굴에 긴장감이 맴돌았다. 전화기를 들어 엄마에게 급하게 전화를 걸었지만 받지 않았다.

"어떡하지?"

금방이라도 울음이 터질 것 같았다. 그때 119가 떠올랐다. 떨리는 손으로 다이얼을 눌렀다.

"아빠가 의식이 없어요. 빨리 와 주세요!"

타요는 119 대원이 전화를 받자마자 다급하게 외쳤다. 하지만 119 대원은 곤란한 듯 말했다.

“빨리 못 가는데 어쩌지? 지금 구급차가 다 고장이 났단다.”

119 대원이 힘 빠진 목소리로 답했다.

“고장이요? 그럼 다른 차라도 몰고 오시면 되잖아요!”

“정말 미안하지만, 아까부터 이 도시의 차들이 모두 고장이 났는지 못 움직인단다. 이게 무슨 일인지 모르겠구나.”

그 말에 타요는 가슴이 쿵 내려앉았다. 그제야 지금 어떤 상황인지 알 수 있었다. 아픈 아빠만 신경 쓰다가 투팍이 했던 일을 잠시 잊었던 것이다. 엄밀히 말하면 투팍 탓만이 아니라 개념 큐브를 넘겨준 자신의 책임도 컸다. 가슴이 서늘해졌다. 수화기 건너편에선 대원이 말을 이어갔다.

“구조대원 아저씨들이 뛰어서라도 갈 테니 기다려라! 시간이 많이 걸리긴 할 거야!”

“네…….”

집 주소를 알려준 뒤 타요는 방안을 서성거렸다. 그사이 아빠의 몸이 불

덩이처럼 뜨거워지고 있었다. 아빠는 계속 의식을 잃은 상태였다. 급한 대로 차가운 물수건을 준비해 아빠의 머리에 올렸다.

시간은 자꾸 가는데 야속하게도 구조대원은 도착할 기미가 보이지 않았다. 초조함 속에서 시간이 얼마나 흘렀을까. 드디어 초인종이 울렸다.

현관문을 열어 주자 구조대원 두 분이 들것을 갖고 우당탕탕 들어왔다. 두 대원은 능숙한 솜씨로 아빠를 들것으로 옮겼다. 대원 한 분이 타요에게 난감한 표정으로 말했다.

"구급차가 움직이질 않아서 병원까지 걸어서 옮겨야 해. 이야기 들었지?"

타요는 알고 있다는 듯 고개를 끄덕였다.

'제 탓이에요!'

타요는 속 시원하게 실토하고 울음이라도 터뜨리고 싶었다.

"그럼 서두르자!"

구조대원은 들것을 조심스럽게 들고 병원으로 향하기 시작했다. 타요는 그 뒤를 따라갔다.

　　도로로 나서자 그곳은 더더욱 난장판이 되어 있었다. 차와 오토바이가 마구 뒤엉킨 채 도로 곳곳에 방치되어 있었다. 차를 뒤에서 힘겹게 미는 사람들도 보였다. 여기저기에서 차를 치우라고 다투는 소리가 들렸다. 경찰관들도 보였지만 전혀 통제를 하지 못하고 있었다.

　　아빠가 누운 들것을 들고 걷는 두 대원이 무척 힘겨워 보였다. 구조대원들의 얼굴에서도 굵은 땀이 줄줄 흘렀다.

　　'아빠가 다니는 병원까진 아직 한참이나 남았는데…….'

　　타요의 속이 애타게 타고 있었다. 그때 저 멀리서 소방대원 한 무리가 달려오고 있었다. 도와주러 오는 것으로 생각한 타요의 얼굴에 미소가 살짝 떠올랐다. 하지만 타요 일행에 가까이 다가온 소방대원들의 손에는 양동이가 하나씩 들려 있었다.

　　"어딜 가는 거야? 그 양동이는 또 뭐고?"

　　아빠의 들것을 들고 가던 구조대원 아저씨가 물었다.

　　"불이야! 불이 났어!"

　　소방대원 한 명이 다급하게 말했다.

　　"어디에?"

　　"용담동의 상가 건물에! 노후 건물이라 소화전도 없대! 큰일이야!"

　　소방차가 움직이지 못하니 소방대원들이 양동이를 준비해 직접 화재 현장으로 뛰고 있었던 것이다. 서로 수고하라는 말을 남기고 일행은 엇갈리며 지나갔다.

　　'이게 모두 내 탓이야.'

아빠를 들고 가는 구조대원들은 저만큼 가고 있는데 타요는 그 자리에 멍하니 서 있었다. 이 모든 게 자기 탓이라는 생각이 들었다. 아빠가 병원에 빨리 가지 못하는 것도, 소방대원들이 고생하는 것도, 집으로 가지 못하고 도로에 서성이는 사람들 모두 다. 마음 같아서는 투팍을 불러서 예전 상태로 되돌려 놓으라고 하고 싶었다.

'방법이 없을까?'

그때 문득 큐브를 가져다 준 안드로메다 요원들이 떠올랐다.

"맞다. 도움이 필요하면 부르라고 했지!"

타요는 더는 고민할 것도 없이 하늘을 향해 소리쳤다.

"안드로메다 도와줘!"

잠시 기다려 봤지만, 바로 나타날 것이라던 요원들은 보이지 않았다. 잔뜩 기대했던 타요의 얼굴에 실망의 빛이 떠올랐다. 그때였다. 헉헉거리는 거친 숨소리와 함께 아작과 메타가 모습을 드러냈다.

"우주선이 도시 상공에 들어오는 순간 추락할 뻔했지 뭐야!"

메타의 말에 타요는 요원들이 늦은 이유를 알 것 같았다. 바이러스의 영향을 받은 교통수단에 우주선도 해당하는 것이다.

"도대체 무슨 일이 벌어진 거냐? 혹시 투팍을 만난 거냐?"

메타가 말을 꺼내자 타요는 와락 눈물을 쏟아내며 겨우겨우 말했다.

"제 탓이에요! 흑흑. 제가 우주 악당에게, 흑흑……. 큐브를 줘 버렸어요, 으앙!"

"뭐라고? 너 지금 무슨 짓을 한건지 알기나 해?"

얼굴이 붉어진 아작이 주먹을 허공에 대고 휘둘렀다.

"나중에 혼날 테니 빨리 우리 아빠를 병원으로 옮겨 주세요, 네? 제발이요! 엉엉!"

"교통수단이 다 마비됐다면 방법이 없어! 우리 우주선도 움직이질 못하니!"

아작이 고개를 저었다. 말없이 옆에 서 있던 메타가 조용히 중얼거렸다.

"투팍이 바이러스로 현재 움직이는 교통수단을 마비시킨 거라면 과거의 교통수단을 이용하면 되지 않을까?"

"과거의 교통수단이라니요?"

타요가 겨우 울음을 그치며 물었다.

"현대가 아닌 과거, 즉 옛날 말이야! 지구 사람들이 자동차를 발명하기 전에 타고 다니던 게 있었을 것 아냐? 잘 생각해 봐라!"

메타는 타요에게 교통수단에 관한 개념이 하나라도 떠오를 수 있도록 답을 재촉했다. 당장 이동하는 것도 중요했지만, 타요에게 개념이 빨리 자리 잡아야 투팍이 가져간 큐브의 위치를 추적할 수 있었다.

"그걸 제가 어떻게 알아요?"

교통수단에 관한 개념을 안드로메다로 날려 보낸 타요가 과거의 교통 수단이 무엇인지 알 리 없었다. 메타는 타요에게 개념을 떠올릴 수 있는 힌트

를 주기로 했다.

"우주선을 타고 제주도 상공에서 보니까 말들을 키우는 목장이 많이 보이더라?"

"목장뿐 아니라 제주도에는 승마 강습장도 많아요."

메타의 말에 타요가 아무렇지도 않게 답했다.

"그래도 생각 안 나니?"

"뭐가요? 빨리 핵심만 말해 줘요. 지금 스무고개 할 때가 아니잖아요!"

타요는 빨리 아빠와 구조대원들을 따라가고 싶었다.

메타가 손가락을 들어 어딘가를 가리켰다. 그곳에는 「탐라 승마장」이란 간판이 있었다.

"지구 사람들은 예전엔 말이나 마차를 타고 다녔다며?"

메타의 말에 타요는 두 요원을 바라보았다. 그제야 두 요원이 말하고자 하는 게 무슨 뜻인지 알 수 있었다. 제주도는 예전부터 말이 많았다. 그런 만큼 곳곳에 관광객을 위한 승마장도 많다. 마침 옆에도 승마 강습을 하는 곳이 있었다. 그곳에는 마차도 함께 준비되어 있었다.

따그닥 따그닥—

잠시 후 세 사람은 말 두 마리가 끄는 마차를 타고 도로를 달리기 시작했다. 일행은 머지않아 들것을 들고 가는 구조대원을 따라 잡을 수 있었다. 예상대로 멀리 못 갔던 것이다. 구조대원들은 갑작스런 마차의 등장에 놀랐지만 빨리 옮겨 타라는 타요의 말을 따라 아빠를 마차로 옮겼다. 일행을 태운 마차는 병원을 향해 빠르게 달리기 시작했다.

교통
TALK
SNS

◎◎◎ 열심히 달린 말 덕분에 타요의 아빠는 예상보다 빨리 응급실에 도착할 수 있었다.

"급성 충수염이란다. 조금만 더 늦었으면 큰일 날 뻔했어!"

응급실을 지키고 있던 의사 선생님이 여러 가지 검사를 마치고 나서 말했다. 그리고 수술만 하면 낫는 병이지만 자칫 복막염으로 확대되어 정말 위험할 수 있었다고 알려주었다. 교통사고로 몸이 쇠약해진 상태에서 충수염까지 걸리다니…….

타요는 정말 울고 싶었다. 아빠가 수술을 받는 동안 타요는 대기실 앞의 의자에 힘없이 앉아 있었다. 메타가 와서 타요의 어깨에 손을 얹고 물었다.

"이제 자세히 이야기 좀 해 봐라."

타요는 투팍과 있었던 일을 설명했다.

"그랬구나."

메타는 고개를 끄덕였다. 사실 타요가 투팍에게 개념 큐브를 넘겨준 것은 어처구니없는 일이었다. 하지만 차 사고로 아빠가 심하게 다친 아이의 심정을 생각하면 이해 못할 것도 아니었다. 타요가 불쑥 말을 꺼냈다.

"그런데 우리도 옛날 사람들처럼 말을 타고 다니면 안 되나요?"

"이 녀석이 아직도 정신을 못 차렸네? 과거의 교통수단이 얼마나 불편했는지 알고나 하는 소리야?"

아작이 큰 소리로 나무랐다.

"말과 마차 정도면 되잖아요. 현대인들은 좀 느리게 살 필요가 있다고 우리 선생님이 그랬어요."

타요도 지지 않고 말했다.

"그럼 자동차 대신 옛날 교통수단인 가마나 마차를 타고 다니고, 짐을 나를 때는 트럭 대신 소달구지를 몰고 다니면 된다는 거냐? 바다 건널 때는 뗏목이나 돛단배를 타고?"

"시간이 걸려도 목적지에만 가면 되잖아요?"

억지 부리는 거란 생각이 들면서도 타요는 지고 싶지 않았다. 아빠를 다치게 한 그 뺑소니 차만 생각하면 너무 화가 나서 참을 수가 없었다.

"그리고 아저씨는 걸어 다니면서 살 좀 빼야 되겠는데요? 얼굴이 완전 커요!"

"내 얼굴이 뭐 어때서! 머리가 크면 아이큐도 높고, 응? 응? 또 뭐가 있지? 멀리서도 잘 보이고! 이건 장점이 아닌가, 암튼!"

흥분한 아작의 얼굴이 울긋불긋 붉게 타오르자 메타가 나섰다.

"그래도 과거에 비해 교통수단이 발달해서 일

상생활이 훨씬 편리해졌잖아?"

"전 별로 못 느끼겠는데요?"

"조금 전에도 아빠를 늦게 데리고 왔으면 큰일 날 뻔했잖아! 자동차였다면 마차보다 훨씬 빨리 이동할 수 있고. 버스나 기차 같은 대형 운송 수단으로 많은 사람들을 한꺼번에 이동시킬 수 있단다."

"그렇긴 하지만……."

타요는 우물쭈물 망설이며 대답했다.

"말이 나온 김에 하는 말인데 제주도의 교통이 마비되는 바람에 이제 제주도는 완전히 고립될 지도 몰라!"

"그건 또 무슨 말이에요?"

타요가 의아해하며 묻자 메타가 한숨을 쉬며 답했다.

"왜 그런지 네가 스스로 생각해 봐라! '이동'이란 단순히 교통수단으로 오가는 것만 뜻하는 것이 아니니까. 개념이 돌아오면 자연스레 떠오를 거야."

하지만 타요는 그게 무슨 뜻인지 생각할 여유도 없었다. 지금은 아빠의 수술이 잘 끝나는 것이 더 중요했기 때문이다.

"아무튼 나 때문에 제주도의 교통수단이 뒤죽박죽 되어 버렸으니 빨리 그 우주 악당을 찾아야겠네요!"

그 말에 붉었던 아작의 얼굴이 원래 상태로 돌아오고 있었다.

"하, 그래도 대충이 녀석보단 훨씬 책임감 있네. 대충이 이 녀석은 끝까지 먹을 것이나 밝혔는데 말이야!"

대충이가 들었으면 아마 무척이나 투덜거렸을지도 모를 말이었다. 정작

먹은 것은 큐브에서 나온 개념 원구 하나밖에 없었는데, 아작은 대충이를 먹
보 괴물로 몰아가고 있었다.

"그나저나 투팍 이 녀석은 또 어디에 숨은 거야!"

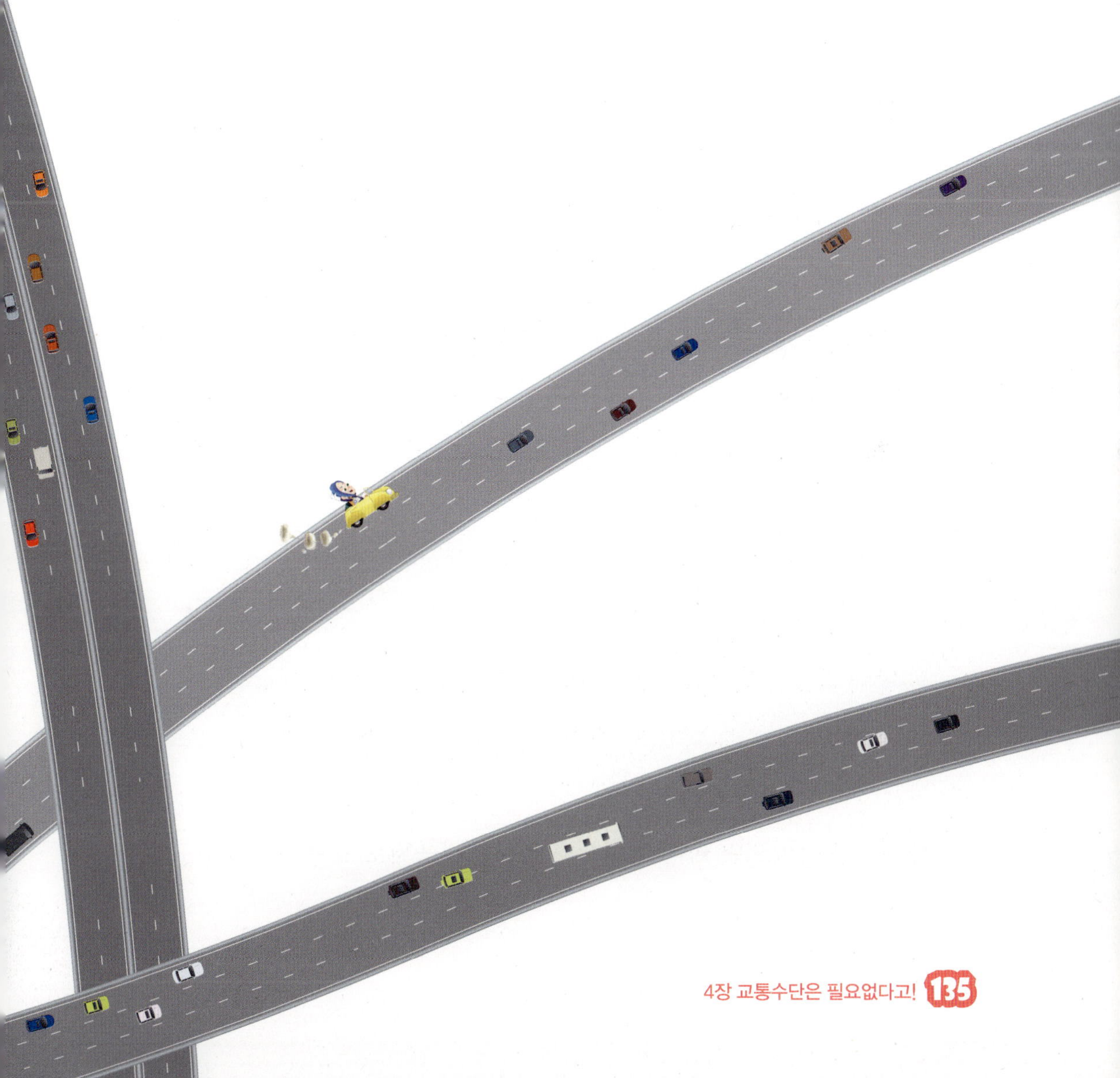

이동

필요한 물건을 구하거나 여가 생활을 즐기기 위해 사람이 다른 곳으로 가거나 물건을 옮기는 것을 말한다. 교통, 수송, 운송, 운수 등의 관련 낱말이 있다. 오늘날의 이동 수단으로는 승용차, 버스, 트럭, 열차, 지하철, 배, 비행기 등이 있다.

일상생활에서 이용하는 이동 수단

자전거 : 사람의 힘으로 움직이므로 연료가 필요없다.

택시 : 요금을 받고 목적지까지 이동한다.

버스 : 택시보다 저렴한 요금으로 많은 사람을 태울 수 있다.

트럭 : 짐을 실어 나를 수 있도록 만든 자동차이다.

오토바이 : 좁은 길을 쉽게 이동할 수 있으며 빠르게 움직인다.

열차 : 버스보다 훨씬 많은 사람과 짐을 실을 수 있으며 철로 위에서만 움직인다.

교통 수단의 발달

도로 : 가마, 말 → 인력거 → 자동차

수상 : 뗏목 → 돛단배 → 증기선 → 쾌속선

철도 : 증기 기관차 → 디젤 기관차 → 전기 기관차 → 자기 부상 열차

항공 : 열기구 → 초기의 비행기 → 프로펠러 비행기 → 제트 여객기 → 우주 왕복선

하루 동안 볼일을 끝내고 되돌아올 수 있을 만큼의 생활 범위가 넓어졌고, 해외 여행을 할 기회가 많아졌다.

5장
의사소통 수단이
없는 세상은?
개
조
심

◎◎◎ 그 시각, 투팍은 심각한 고민에 빠졌다. 이 작은 섬의 교통은 마비시켰지만 그것으론 만족할 수 없었다. 하나의 큐브로는 한계가 있었다. 지금은 그저 한 도시의 교통수단만 마비시킬 수 있었다. 게다가 타요가 개념을 조금씩 찾고 있는지 큐브 한 면에 빛이 번쩍 들어왔다. 큐브를 더 빨리 모아야 했다.

안타요의 「교통과 의사소통」에 관한 큐브를 살살 돌려 보던 투팍의 머릿속에 좋은 생각이 떠올랐다.

"그래, 의사소통이 필요해!"

교통수단은 마비시켰지만, 의사소통 수단은 잠시 잊고 있었던 것이다. 투팍은 두 팔을 공중으로 벌리고 외쳤다.

"필요하면 오게 하라!"

개념을 안드로메다로 보낼 생각이 있는 아이들을 제 스스로 찾아오게 해야 했다. 어차피 보내 버릴 개념이라면 안드로메다에 보내는 것보다 타요처럼 자신에게 주면 서로에게 편할 것이다. 그렇다면 우선 그런 아이들에 관한 신상을 파악하고 정보를 주고받는 것이 필요했다.

　‘안드로메다에 개념을 보내고 싶은 아이들을 어떻게 찾지?’

　지구에서 현재 쓰이는 전화나 우편은 한꺼번에 많은 아이에게 전달하기엔 역부족이었다. 그때 대충이가 안드로메다 요원들에게 말한 인터넷이라는 것이 떠올랐다. 장수풍뎅이를 살 때도 인터넷을 이용한다고 했다. 투팍은 곧장 피시방으로 향했다. 다행히 거리 곳곳에 피시방이 아주 많았다.

　“지구인들은 의사소통을 중요하게 생각하나 보군!”

　피시방으로 간 투팍은 초등학생들이 많이 찾는 게시판을 찾아가 글을 남겼다.

　잠시 후 투팍은 피시방 구석 자리에 앉아 자신이 게시판에 남긴 글을 보며 실실 웃었다. 벌써 조회수가 1,000건을 넘어섰다. 요즘 가장 잘 나가는

게시판이라고 하더니 사실인것 같았다.

급하게 만든 자신의 메일함을 확인해 봤다. 몇 통의 메일이 앞다퉈 도착해 있었다. 투팍은 그 가운데 가장 먼저 보낸 메일을 열어 보았다. 아이디 '개념짱나'가 보낸 메일이었다.

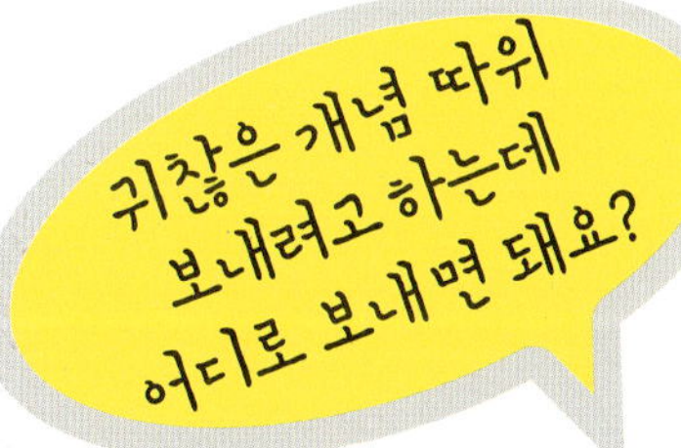

"오, 곧바로 반응이 오는군! 메일이라는 것도 편한데? 지구인들도 의사소통 수단을 나름대로 잘 개발했군!"

투팍은 토닥토닥 독수리 타법으로 개념을 담을 큐브를 들고 직접 찾아갈 테니 주소를 남기라고 답장을 보냈다. 몇 분이 채 지나지 않아 답장이 도착했다.

투팍은 난처한 얼굴로 중얼거렸다.

"블랙 큐브에 직접 담아야 하는데……."

지난번 새로운 도시의 공장에서 만든 비어 있는 블랙 큐브가 우주선 안에 가득 있었다. 그것을 들고 가서 개념을 직접 받을 생각이었던 투팍은 택배로는 안 되고 직접 만나야 한다고 답장을 보냈다.

“엥? 코코아톡은 또 뭐야?”

투팍은 고개를 갸우뚱하며 다시 메일을 보냈다.

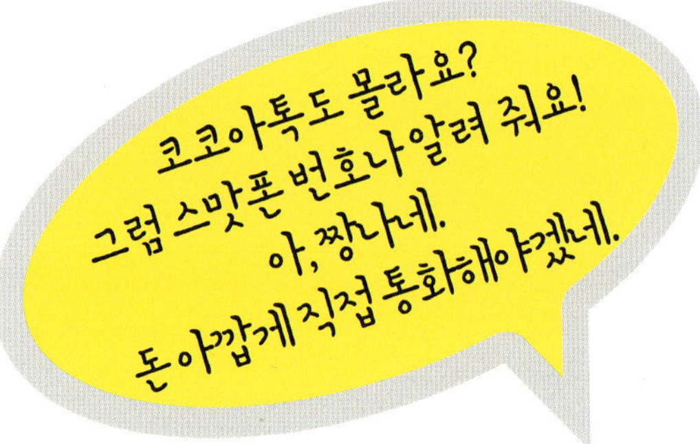

투팍은 어리둥절한 표정으로 모니터를 바라보았다.

“스맛폰은 또 뭐야?”

투팍은 지구의 초등학생들과 의사소통이 잘 안되고 있다는 것을 느꼈다.

하지만 투팍은 아직 모르고 있었다. 게시판에 올린 투팍의 글이 초등학생들

사이에서 선풍적인 화제를 불러일으키고 있다는 사실을!

이해하기 귀찮은 개념을 받아 준다는 사람에 대한 소문이 초등학생들 사

이에서 엄청난 속도로 퍼져 나갔다. 심지어 개념을 안 주면 입을 길게 찢는다는 소문까지 나돌고 있었다. 헛소문이라고 여기는 아이들도 있었지만 피시방에 눌러 앉아 일일이 친절하게 답장을 보내는 투팍 때문에 정말 개념을 넘겨주려고 하는 아이들이 하나둘씩 늘어나기 시작했다.

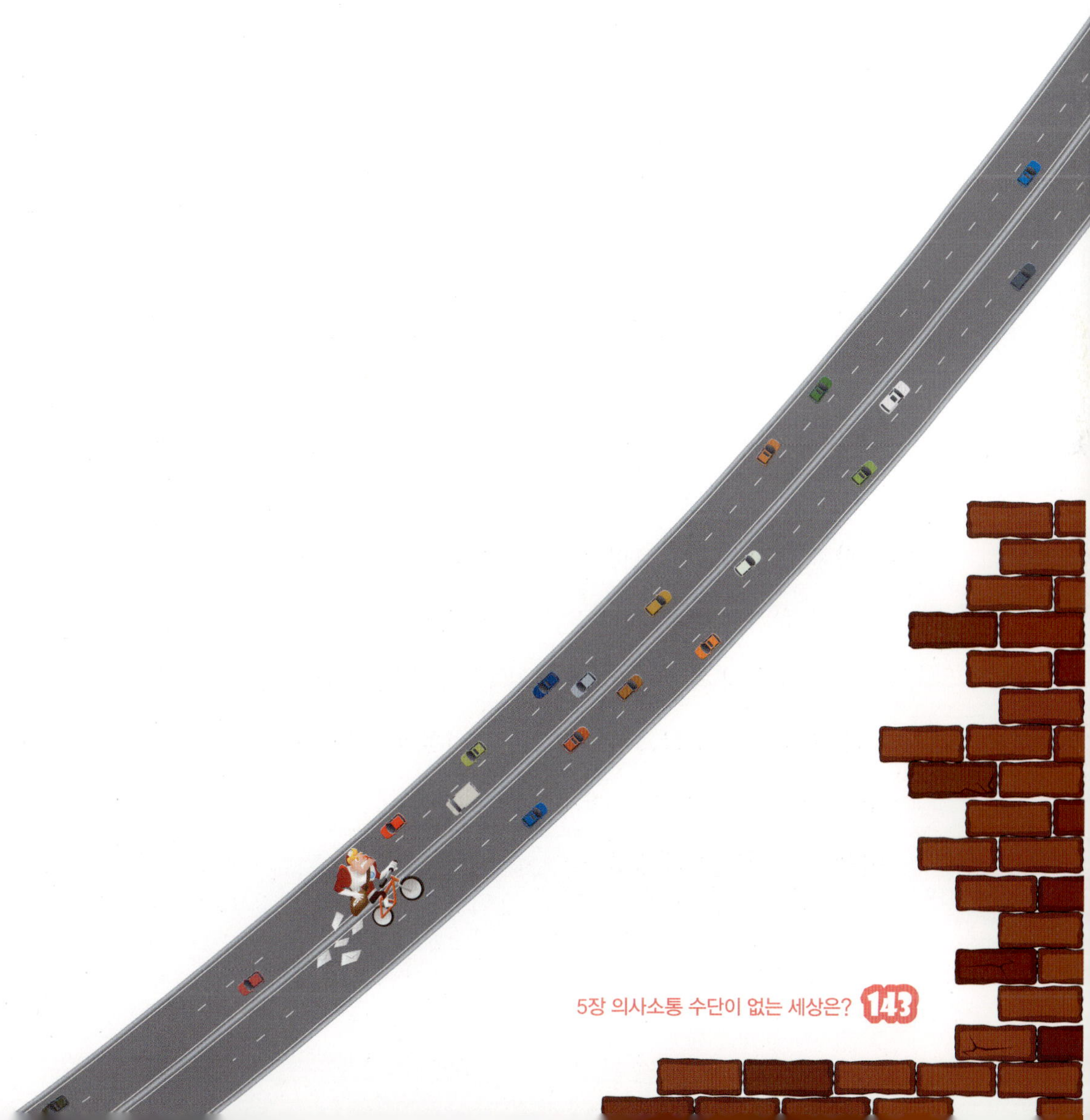

◎◎◎ 아빠를 간호하던 타요의 귀에도 누군가가 개념을 모은다는 소문이 들어왔다. 병원에 온 학교 친구들에게 전해 들은 것이다. 학교 친구들도 요 사이 제주의 교통이 마비되어서 걸어 다니느라 아주 힘들다고 했다. 친구들이 돌아간 뒤 타요는 숨어 있는 투팍을 찾기 위해 며칠째 헤매고 있는 안드로메다 요원들을 불러 그 소식을 전해 주었다.

"그 녀석이 이제 아예 대놓고 개념을 달라고 광고하고 있네!"

타요의 말을 다 들은 아작은 어처구니없다는 듯 콧방귀를 뀌었다.

"차라리 잘된 것일 수도 있어!"

메타가 신중한 얼굴로 말했다.

"잘되다니? 그게 무슨 뜻이야?"

"흠, 우리가 함정을 파서 잡을 수도 있잖아!"

"함정이라니?"

“투팍과 연락할 길이 생긴 거잖아! 쥐새끼처럼 어디 숨었는지도 찾기 어려웠는데 잘됐지! 최소한 그 녀석과 의사소통할 수 있는 길은 열린 거니까!”

이어 메타는 타요를 보며 말했다.

“네 도움이 필요해!”

“네?”

“안드로메다 속담에 이런 말이 있지. 에일리언을 잡으려면 에일리언 굴에서 빼내라!”

메타는 씩 웃으며 덧붙였다.

‘어디서 많이 듣던 말인데?’

고개를 갸우뚱거리는 타요를 데리고 메타는 근처의 피시방으로 향했다. 그곳에서 폭풍같이 검색해서 투팍이 올린 게시글을 찾아냈다. 메타는 타요의 등을 격려하듯 툭툭 치며 말했다.

“자, 이제 네가 개념을 준다는 메일을 써 보내. 물론 익명으로!”

아작은 그제야 알겠다는 듯 말했다.

“호, 이게 바로 에일리언을 굴에서 유인해서 빼내려는 거구먼?”

“그렇지. 개념을 받으려면 우릴 만날 수밖에 없을 테니!”

메타는 고개를 끄덕이며 대답했다. 타요는 개념을 보낼 테니 어떻게 하면 되겠느냐는 글을 투팍의 메일로 보냈다. 자신을 잡으려는 함정인지도 모르고 투팍은 바로 메일로 답장했다.

"흠, 메일을 능숙하게 쓰는 거 보니 이 녀석도 지구인 다 됐네!"

투팍이 보낸 메일을 확인하던 메타가 황당한 얼굴로 말했다.

"그래도 꽁꽁 숨었다던 우주 악당과 이렇게 연락되는 게 다행이네요. 옛날에는 사람이 마음먹고 숨으면 찾기도 힘들었을 것 같아요. 연락처도 없었잖아요?"

타요가 이렇게 말하자 메타가 고개를 끄덕이며 대답했다.

"한때는 봉수대에 불이나 연기를 피워 소식을 전달했어. 거기서 조금 발전한 게 편지 같은 수단이고, 인터넷이나 휴대 전화 같은 기기를 사용하게 된 것은 얼마 되지 않은 일이야!"

"그러고 보니 지구의 과학 기술이 무척 빠르게 발전하고 있는걸! 그런데 날아다니는 차는 왜 아직 못 만들지?"

아작이 고개를 갸웃거렸다.

"지금이야 자동차가 가장 널리 사용되는 교통수단이지만 머지않은 미래에는 어떻게 발전할지는 아무도 모르지. 그땐 하늘을 날 수 있거나 잠수할 수 있는 자동차도 나올 것 같은데?”

“저는 그냥 옛날의 교통수단으로 돌아가면 좋겠어요.”

타요는 여전히 위험해 보이는 자동차 같은 교통 수단이 맘에 들지 않았다.

“아마 그때엔 인공 지능 자동차가 개발될 거야. 그럼 교통사고
의 위험도 많이 줄어들겠지.”

“정말요? 그럼 우리 아빠가 겪은 것 같은 사고는 없어질까요?”

타요의 말에 메타는 고개를 끄덕였다.

“그럴 수 있도록 지구인들이 계속 올바른 방향으로 연구를 해야겠지.
안전뿐만 아니라 연료도 적게 들고 공해와 소음도 없는 교통수단 말이야.
너도 미래의 교통수단을 상상해 봐!”

타요는 달리던 자동차가 사람이 나타나면 저절로 멈추고, 하늘을 날아
안전하게 이동시켜 주는 미래의 자동차를 상상해 보았다. 왠지 기분이 좋아
졌다.

“그런 날이 빨리 오면 좋겠어요.”

타요는 열심히 공부해서 그런 교통수단을 개발해야겠다는 생각이 들었
다. 그러기 위해서는 개념을 버릴 것이 아니라 더 많이 쌓아야 할 것 같다는
생각도 들었다. 타요는 메타가 말한 것을 머릿속에 꼼꼼히 저장해 두었다.
일행은 모르고 있었지만, 타요가 개념을 조금 받아들이자 투팍이 지닌 큐브
의 삼면에 빛이 들어오고 있었다.

◎◎◎ 다음날 제중 초등학교에 초등학생들이 속속 모여들었다. 개념을 투팍에게 넘겨주기로 마음먹은 아이들이었다. 웅성거리는 아이들 사이에 안타요도 슬쩍 끼어 있었다. 안드로메다 요원들은 학교 밖에서 투팍이 나타날 때까지 기다리기로 했다. 하지만 약속된 시간이 훌쩍 지나도 투팍은 나타나지 않았다.

같은 시각에 투팍은 피시방 앞의 길거리에 서서 또 한 번 고민에 빠져 있었다. 교통수단을 마비시킨 바람에 자신도 곤란한 상황에 빠졌다.

"큐브를 어떻게 가져가지? 학교로 달랑 몸만 갈 수는 없잖아."

투팍의 말대로 그랬다. 아이들 개념을 담을 블랙 큐브를 갖고 가야 했다. 짐을 실을 수 있는 트럭도 전부 멈춰 버렸으니 그 많은 큐브를 약속 장소까지 옮길 방법이 없었던 것이다. 투팍이야말로 많은 물자를 쉽게 이동하려면 교통수단이 중요하다는 것을 몸소 느끼고 있었다. 그때였다. 누가 투팍의 등을 쿡쿡 찔렀다.

"어이, 총각 저리 비켜!"

총각이라니? 투팍이 돌아보자 할머니 한 분이 서서 손가락으로 투팍의 등을 쿡쿡 찌르고 있었다.

"누구세요?"

투팍이 고개를 갸웃거리며 물었다.

"이눔아, 보면 몰러? 폐지 줍는 노인이잖여! 저리 비키기나 해!"

할머니는 짜증스런 말투로 투팍을 확 밀었다.

투팍은 얼결에 휘청거리며 서 있던 자리에서 몇 발자국 떨어졌다.

"이눔 이거 후 하고 바람만 불어도 날아가겠구먼!"

할머니는 혼잣말을 하며 투팍이 밟고 있었던 빈 박스를 주워 들었다.

"귀한 폐지나 밟고 있고 말이여!"

할머니는 툴툴거리며 박스에 묻은 흙을 탁탁 털었다. 그리고 근처에 세워 둔 손수레로 가더니 박스를 던져 넣고 끌고 가기 시작했다. 손수레에는 폐지와 각종 고물이 가득했다. 그런 할머니를 황당한 눈으로 바라보던 투팍의 머리에 빈 큐브를 학교까지 옮길 기막힌 생각이 떠올랐다.

'바로 저거야!'

투팍은 폐지 줍는 할머니를 따라가면서 기회를 노렸다. 할머니가 거리에 떨어진 신문지를 줍기 위해 손수레에서 멀어진 사이 재빨리 달려가 손수레를 끌고 달렸다.

"아니, 저놈 뭐야? 저 도둑놈 잡아라!"

할머니가 깜짝 놀라 삿대질을 하며 투팍을 따라가기 시작했다. 투팍은 손수레를 끌고 앞만 보고 달렸다. 망토가 바람에 휘날렸다. 손수레가 흔들리면서 폐지가 길가에 마구 떨어졌다. 쫓아오는 할머니에겐 좀 미안했지만,

자신처럼 잔혹한 우주 악당이 이것저것 따질 이유가 없었다. 바퀴가 둥근 만큼 손수레는 역시 빨랐다. 자신의 두 다리로 열심히 끌고 달려야 한다는 것이 단점이었지만 말이다. 쫓아오던 할머니는 점점 멀어지고, 우주선을 숨겨 둔 곳은 가까워지고 있었다.

한편, 학교에는 초조한 기운이 감돌았다.

"개념 받으러 언제 오는 거야?"

"그러게. 누가 혹시 장난친 거 아냐?"

초등학교에 모인 아이들이 수군거렸다. 시간이 훌쩍 지나도 아이디 '파닥파닥'이 나타나지 않자 실망한 아이들이 하나둘씩 자리를 뜨고 있었다. 안타요도 기다림에 지쳐 요원들에게 가 볼까 고민하고 있을 무렵 후문 쪽에서 웅성거리는 소리가 들렸다. 검은 망토를 휘날리는 투팍의 모습이 아이들 사이로 보였다. 손수레에 자신에게 뺏어간 것과 비슷하게 생긴 검정색 큐브를 잔뜩 싣고 나타난 것이다. 얼마나 빨리 달려왔는지 긴 얼굴에선 땀이 줄줄

흐르고 있었다. 한 아이가 앞으로 나서며 투팍에게 물었다.

"아저씨가 「파닥파닥」이에요?"

투팍이 고개를 끄덕였다.

"그래, 네 아이디는 뭐냐?"

"「개념짱나」예요."

"그래, 기억난다. 넌 역사 개념을 보낸다고 했지?"

아이는 고개를 끄덕였다. 역사 개념도 좋았다. 자신들의 뿌리인 역사를 잊는다면 지구인들은 발전할 수 없어 서서히 멸망해 갈 것이다. 둘이 대화하는 사이 운동장에 있던 아이들이 투팍 근처로 점점 모여 들었다. 서로 먼저 개념을 주기 위해 자리다툼이 치열했다. 투팍이 두 손을 모아 입에 대고 크

게 소리쳤다.

"줄을 서시오!"

잠시 멈칫하던 아이들은 서로 눈치만 볼 뿐 줄을 설 생각은 하지 않았다. 개념을 보내려고 나온 아이들에게 질서나 윤리가 있을 리 없었다. 투팍은 일단 걸리는 대로 받기로 하고 손수레에서 빈 큐브 하나를 꺼내 들었다.

"일단「개념짱나」의 것부터 접수하자!"

아이디 '개념짱나'가 앞으로 나서는 것을 안타요는 초조하게 뒤쪽에서 보고 있었다. 투팍은 왔는데 아작과 메타가 나타나지 않았다.

"빨리 안 오고 뭐하는 거야?"

그렇다고 아작과 메타가 본분을 잊고 있었던 것은 아니었다. 다짜고짜 체포하기 위해 투팍을 덮치면 근처에 모여든 아이들을 투팍이 인질로 잡을 수 있었다. 그래서 멀리 숨어 기회를 엿보고 있었던 것이다. 그때 그들 옆으로 바람처럼 쌩 지나치는 사람이 있었다.

"방금 뭐가 지나갔어?"

아작이 메타에게 물었다.

"치맛자락 같은데?"

메타도 자세히 못 봤다는 듯 답했다. 바람보다 빠른 치맛자락은 아이들이 모여 있는 곳으로 빠르게 접근하고 있었다.

투팍은 빈 큐브를 들고 개념짱나에게 지시를 하고 있었다.

"잘 들어라! 이 블랙 큐브 입구에 입을 딱 대고 '역사 개념 따위 안드로메다로 가 버려!'하고 외치기만 하면 돼. 그럼 개념이 안드로메다까지 가지 않고 이 큐브 안에 봉인되니까."

"알았어요!"

개념짱나는 긴장한 얼굴로 고개를 끄덕였다. 그리고 머리를 블랙 큐브 안에 파묻고는 외쳤다.

"역사 개념 따위 안드로……."

그 순간 더 큰 목소리가 '개념짱나'의 목소리를 덮어 버렸다.

"이 도둑놈아! 내 리어카 내놔!"

귀가 떨어져 나갈 듯한 커다란 소리가 운동장을 쩌렁쩌렁 울렸다. 동시에 모여 있던 아이들 무리가 두 갈래로 쩍 갈라졌다. 그 사이로 치맛자락을 휘날리며 누군가가 나타났다. 바로 폐지를 줍던 할머니였다.

"헉!"

투팍은 이곳까지 자신을 쫓아온 근성 넘치는 할머니의 모습에 공포심마저 느꼈다. 할머니는 손수레를 살피더니 더욱 무서운 얼굴로 변했다.

"아니, 이눔이! 내 폐지는 어디가고 이런 돈도 안 되는 것들만 담아 놨어!"

할머니는 빈 블랙 큐브를 마구 헤치기 시작했다. 큐브가 손수레 밖으로 죄다 떨어지고 있었다.

"어, 이러면 안 되는데……."

소심한 목소리로 투팍이 중얼거렸지만, 자신을 노려보는 할머니의 매서운 눈초리에 고개를 뚝 떨어뜨렸다. 숨어 있던 아작과 메타도 근처에 와 있었지만, 할머니의 기세에 눌려 선뜻 다가가지 못하고 있었다. 할머니는 급기야 투팍의 멱살을 쥐어 잡았다.

"이눔아! 내 폐지 다 어디 갔어? 종일 모은 내 고물 어디 갔어?"

"저, 길거리에 모두 다 떨어진 것 같은데……."

투팍이 더듬거리며 말했다.

"뭐? 아니? 이런 몹쓸 놈이 있나!"

갑자기 할머니는 투팍의 쫄쫄이를 두 손으로 잡아당기기 시작했다.

"이눔아! 이 쫄쫄이라도 벗어라! 내가 겨울에 내복으로라도 입어야 쓰겠다!"

"이것만은 안 돼요!"

우주 장인의 쫄쫄이는 무슨 일이 있어도 지켜야만 했다. 실랑이를 벌이는 사이 투팍의 쫄쫄이 사이에서 상자가 툭 떨어졌다. 뚜껑이 열린 상자 안에서 삼면이 빛나는 개념 큐브가 보였다. 안타요는 잽싸게 앞으로 나가 그것을 주워들었다. 할머니에게 쥐어 박히는 와중에도 투팍은 그런 안타요를 보고 외쳤다.

"안 돼! 그건 네가 주기로 한 거잖아! 다시 달라고 안 한다며?"

"마음이 바뀌었거든요! 그리고 아저씨는 아저씨 걱정이나 하세요!

타요가 한 손으로 가리키는 곳을 본 투팍의 눈이 더욱 커졌다. 아작과 메타의 모습이 보인 것이다. 아작은 밧줄을 꺼내들고 휘휘 돌리며 할머니의 응징이 끝나기를 기다리고 있었다.

"망했다!"

할머니 한 명도 감당하기 힘든데 안드로메다 요원들까지 나타난 것이다. 이길 수 없는 게임이라고 생각한 투팍은 마지막 방법을 쓰기로 했다. 자신의 몸을 바꾸기 위해 방귀 같은 변신 가스를 내뿜었다.

양손으로 투팍을 붙잡고 있던 할머니는 깜짝 놀랐다. 시커먼 도둑놈이 사라지고 웬 못난 아이가 자신의 두 손 사이에서 머리를 흔들며 버둥대고 있었던 것이다.

"누구냐? 넌!"

놀란 할머니가 아이를 내려 놓자 그 아이는 대답 없이 아이들 틈으로 재빨리 뛰어 들어갔다. 깜짝 놀란 아작과 메타가 아이로 변신해 사라진 투팍을 쫓아갔다. 하지만 아이들 속에 자연스레 섞여 있는 투팍을 쉽사리 찾을 순 없었다.

모두가 혼란스러운 사이에 안타요는 자신의 개념이 담긴 큐브를 소중히 가슴에 품고 초등학교 밖으로 나오고 있었다. 거리의 차들은 여전히 움직이지 못하고 있었다. 투팍은 도망갔어도 아직 안타요가 개념을 완벽히 찾지 못해 블랙 큐브에서 내뿜은 바이러스 효과가 남아 있었던 것이다.

아빠가 입원한 병원으로 뛰어 간 타요는 병실 문을 왈칵 열었다. 일터에서 돌아온 엄마가 곤히 잠든 아빠 옆에서 간호하고 있었다.

"엄마, 아빠 방귀는?"

그것부터 물었다. 방귀만 나오면 식사를 할 수 있다고 했기 때문이다. 하지만 엄마는 고개를 저었다.

"아직! 근데 너는 차도 안 다니는데 어딜 그리 돌아다닌 거냐? 아빠가 널 얼마나 찾았는지 알아?"

"날? 왜?"

"왜긴 왜야? 보고 싶어 서지!"

"아빠가 날 왜 보고 싶어 해? 맨날 무뚝뚝하면서!"

엄마는 그런 안타요를 나무라듯 말했다.

"이 녀석아, 아빠가 왜 사고를 당했는지 모르지? 아빠가 이야기하지 말라고 했는데 너도 이젠 알아야겠다."

"길 가다가 갑자기 사고당한 거잖아."

"글쎄, 거길 왜 갔냐 하면 아빠가 여객선에 취직됐다고 연락 받자마자 네 피아노를 사러 가다가 그런 거야! 네가 만날 하얀색 피아노 갖고 싶다고 노래 불렀잖아! 아빠가 일을 하지 못해서 사 주기 어렵다며 얼마나 미안해 했는지 알아?"

"……?!"

타요는 아무 말도 할 수 없었다. 교통사고를 당해서 가족들을 힘들게 한 아빠가 미웠는데 그게 나에게 줄 피아노 때문이었다니……. 그것도 모르고 아빠에게 퉁명스럽게 대한 자신이 너무 미웠다. 눈물이 왈칵 나왔다. 타요는 아빠의 손을 슬쩍 잡았다. 따뜻했다.

"아빠, 정말 미안해요."

그때 똑똑 노크 소리가 나더니 아작과 메타가 들어왔다. 안타요는 눈가를 몰래 닦으며 물었다.

"그 악당은 잡았어요?"

두 요원은 동시에 고개를 저었다.

"아이들 틈에 섞여 나가는 바람에 찾지 못했어!"

안타요의 엄마는 이상한 복장의 두 사람의 정체를 타요에게 물어보려는데 갑자기 휴대 전화가 울렸다.

"네? 정말요? 네, 감사합니다!"

엄마는 큰 소리로 몇 번을 되묻더니 통화를 마쳤다. 그리고 흥분한 얼굴로 타요를 얼싸 안았다.

“엄마, 왜 그래?”

“경찰 전화야! 네 아빠를 치고 달아난 뺑소니 범을 방금 잡았대!”

“정말? 어떻게?”

“도로에 멈춰선 차들을 하나하나 치우는 과정에서 네 아빠 사고 현장에 떨어진 자동차 파편과 똑같은 부위가 부서진 차를 발견했다지 뭐야! 그 차 주인을 캐물으니 범인이라고 실토했대!”

“아아, 다행이다!”

타요도 엄마를 얼싸 앉았다. 최소한 치료비 걱정은 덜 수 있을 것 같았다. 어찌 보면 투팍이 자동차를 멈추게 한 덕분인 것이다. 요란스러운 소리 때문인지 아빠가 잠에서 깨어났다.

“무슨 일이야?”

의아해 하는 아빠에게 엄마와 타요가 앞다퉈 이야기하기 시작했다.

“잘됐구나. 그나저나 몸이 회복되면 다시 일을 구해야 하는데 배들이 전부 못 움직인다니 걱정이구나.”

산 너머 산이었다. 항해사로 일하는 아빠는 배가 안 움직이면 할 일이 없었던 것이다.

“배가 다녀야 본토하고 제주도 사이에 사람도 오가고, 물자의 이동도 많아질 텐데…….”

아빠의 혼잣말에 타요의 머리에 뭔가 떠오르기 시작했다. 안타요는 메타를 보며 말했다.

"전에 말한 이동의 의미가 교통수단으로 오가는 것만 뜻하는 게 아니라고 한 뜻을 이제야 알겠어요! 이동이라는 것이 지역 간이나 국가 간에 상호 작용을 위해서 사람이나 물자가 움직이는 것 때문이지요? 그래서 제주도가 고립될 수도 있다고 한 것이고요?"

메타가 미소를 지으며 고개를 끄덕였다.

"그래. 교통의 마비는 사람이나 물자 이동의 마비거든. 이게 오래 지속되면 하다못해 주식으로 먹어야 할 쌀도 제주도로 가져올 수 없잖아. 서남아시아에서 석유를 가져오는 것도 마찬가지지. 교통수단이 발달하면 지역 간의 교류를 도와 균등한 발전을 꾀할 수가 있어."

메타의 말을 들으며 타요는 더 빠르게 말하기 시작했다.

"그리고 조금 전 엄마에게 경찰의 전화가 와서 범인을 잡았다고 곧바로 소식을 들을 수 있었던 것은 휴대 전화 같은 의사소통 수단이 발달해서고요? 옛날같이 편지나 직접 방문을 하면 빨리 정보를 전할 수 없잖아요."

타요가 계속 흥분해서 말하자 타요가 들고 있던 큐브의 나머지 한쪽 면도 빛나기 시작했다. 타요의 머릿속에 개념이 제대로 들어서고, 개념의 중요성까지 자리 잡은 탓이었다.

잠시 후 큐브의 사면이 번쩍번쩍 빛이 나며 무지갯빛으로 변하기 시작했다. 병실 안에 있던 모든 사람이 놀라 눈을 크게 뜬 사이 큐브가 탁 열렸다. 동시에 동그란 무지갯빛 원구가 날아올라 타요의 입안을 향해 들어갔다. 얼떨결에 원구를 먹은 타요가 놀란 표정으로 입을 우물거렸다.

뽀옹!

그때 어디선가 수줍은 방귀 소리가 났다. 아빠가 드디어 기다리던 방귀를 뀐 것이다. 손으로 코를 슬쩍 막은 아작이 타요에게 물었다.

"어때? 개념 맛도 꽤 괜찮지?"

타요는 활짝 웃으며 답했다.

"네! 맛있어요. 아주 맛있는데……. 방귀 맛이 좀 섞였네요!"

아빠의 얼굴이 빨개지고, 타요의 엄마도 큰 소리로 웃음을 터트렸다. 아작과 메타도 서로 마주 보고 눈을 찡긋 거렸다.

"그나저나 투팍을 빨리 잡아야 할 텐데 이 녀석은 또 어디로 도망 간 거지?"

의사소통

사람들끼리 생각, 감정, 각종 자료나 정보를 주고받는 것을 말하는데 사람의 말이나 소리, 빛, 편지, 기계 등을 이용해 이루어진다. 오늘날의 의사소통 수단으로는 휴대 전화, 편지, 전자 우편 등이 있다.

일상생활에서 이용하는 의사소통 수단

일반 전화 : 다른 사람과 통화할 수 있는 수단이다.

휴대 전화 : 가지고 다닐 수 있고, 이동 중에도 서로 연락할 수 있다.

공중전화 : 공공장소에서 사용할 수 있도록 설치한 전화기이다.

전자 우편 : 인터넷으로 주고받을 수 있는 편지이다.

일반 우편 : 편지, 요금 고지서 등 우편집배원이 직접 배달해 준다.

의사소통 수단의 발달

봉수, 파발 → 편지(서신) → 전화(교환원) → 전화(전자식) → 휴대 전화 → 인터넷

집에서 회사일이나 공부를 할 수 있게 되었고, 먼 곳에 있는 사람과 화상 전화를 할 수 있다. 집에서 텔레비전이나 인터넷을 통해 물건을 보고 살 수 있게 되었다.

제주도의 으슥한 바닷가.

투팍은 양팔을 벌려 온몸으로 자신의 우주선을 막아섰다.

"이 우주선만은 절대 안 돼요!"

가까이 다가오는 상대를 바라보는 투팍의 눈동자엔 두려움으로 가득 차

있었다.

"이놈아! 그거라도 내놔라! 고물로 팔아 먹자니까."

"이건 고물이 아니라 우주선이라니까요!"

"내 눈엔 고물로 보인다. 내 폐지 다 버렸으니 네 녀석도 책임을 져야지!"

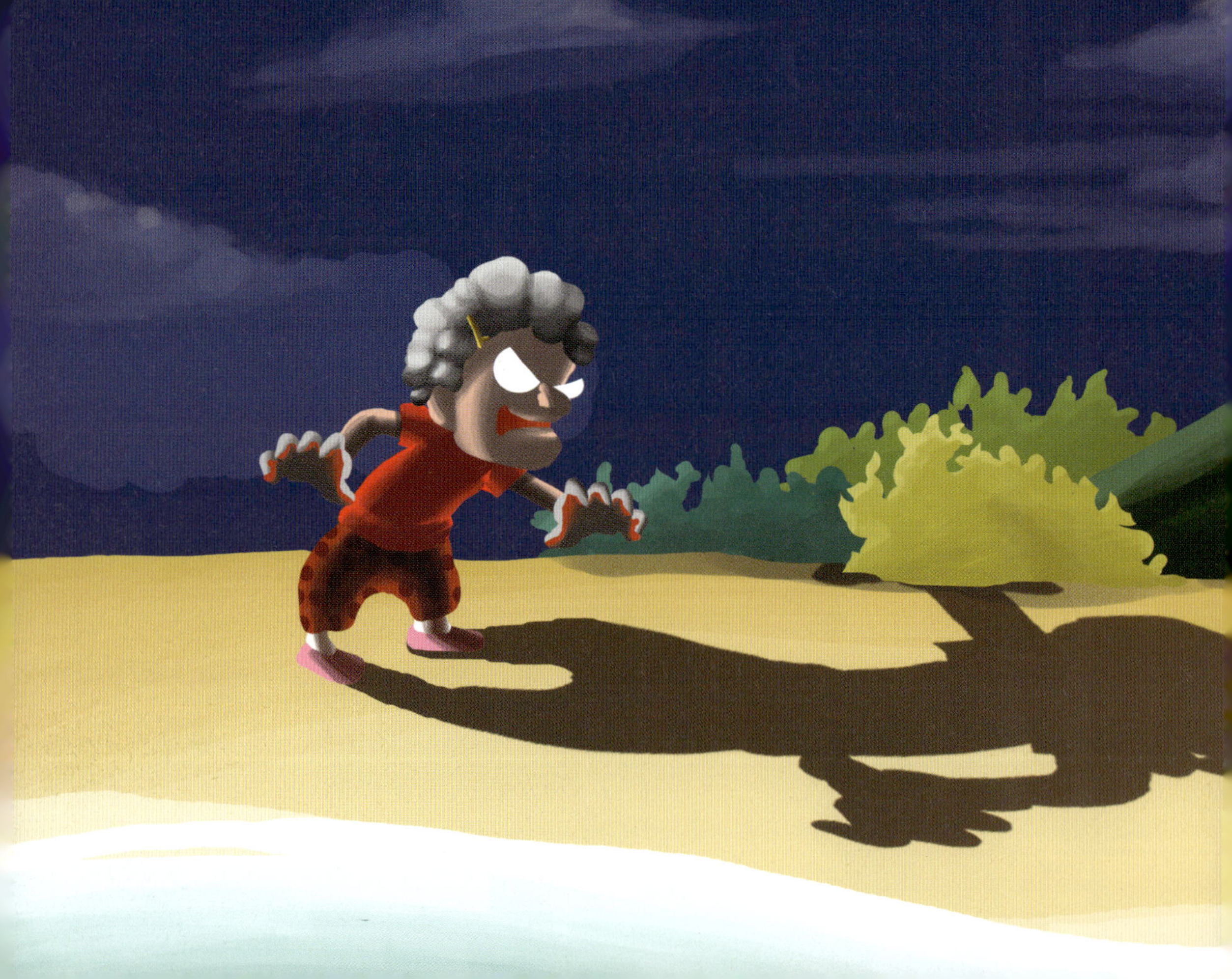

투팍은 끈질긴 할머니의 집념에 혀를 휘둘렀다. 할머니를 보아 하니 지구인들은 생각보다 의지가 강한 것 같았다. 하루라도 빨리 멸망의 길로 들어서게 해야겠다는 생각이 들었다.

'기필코 지구 아이들의 개념을 다 빼앗고 말 거야!'

투팍이 잠시 생각에 잠긴 사이 할머니는 불쑥 장도리를 꺼내고는 우주선으로 다가갔다. 그러고는 우주선의 헐거워진 한쪽 벽을 뜯어내기 시작했다.

"못난 네 놈이랑 실랑이를 하느니 이게 더 실속있지!"

"으아아악! 할머니!"